科学巨人

U0615097

松 鹰 主编
卢同奇 编著

竺可桢

童趣出版有限公司编　人民邮电出版社出版
北　京

图书在版编目（ＣＩＰ）数据

竺可桢 / 松鹰主编 ；卢同奇编著 ；童趣出版有限
公司编. -- 北京 ：人民邮电出版社，2021.8
（科学巨人. 中国科学家的榜样故事）
ISBN 978-7-115-56188-6

Ⅰ . ①竺… Ⅱ . ①松… ②卢… ③童… Ⅲ . ①竺可桢
（1890－1974）－生平事迹－少儿读物 Ⅳ.
①K826.14-49

中国版本图书馆CIP数据核字 (2021) 第050394号

责任编辑：张宇红
责任印制：孙智星
美术编辑：王岸秋

编　　　：童趣出版有限公司
出　　版：人民邮电出版社
地　　址：北京市丰台区成寿寺路 11 号邮电出版大厦（100164）
网　　址：www.childrenfun.com.cn

经销发行：010 - 81054120
读者热线：010 - 81054177

印　　刷：天津千鹤文化传播有限公司
开　　本：880×1270　1/32
印　　张：6.25
字　　数：125 千
版　　次：2021 年 8 月第 1 版 2022 年 3 月第 2 次印刷
书　　号：ISBN 978-7-115-56188-6
定　　价：28.00 元

版权所有，侵权必究。如发现质量问题，请直接联系读者服务部：010-81054177。

序

　　竺可桢是著名的地理学家、气象学家和教育家，中国物候学创始人，中国近代地理学的奠基人。1918 年，他毕业于哈佛大学。他创建了中国第一个大学地学系和中央研究院气象研究所，担任 13 年浙江大学校长，在抗战烽火中使浙大崛起为全国著名大学，被尊为中国高校四大校长之一。竺可桢一生在气象学、气候学、地理学、物候学、自然科学史等方面的造诣很深，物候学是他呕心沥血做出了重要贡献的领域之一。他始终从科学的视角，关注着中国的人口、资源、环境问题，是"可持续发展"的先觉先行者。他的代表作有《中国近五千年来气候变迁初步研究》《物候学》。

　　"半个世纪以来，竺可桢同志一直奋斗在我国科学、教育事业的战线上，为我国科学、教育事业的发展鞠躬尽瘁，贡献了毕生的力量。他是我国近代科学家、教育家的一面旗帜，地理学界、气象学界的一代宗师，献身共产主义事业的一名忠诚战士。"

——卢嘉锡

"纵观我国近代高等教育的历史，我深深地认识到办大学而成功的校长只有两个人：其一是蔡元培先生，另一位就是竺可桢先生了。"

——谈家桢

"我们人生的目的是在能服务，而不在享受。"

——竺可桢

"科学的方法，公正的态度，果断的决心。"

——竺可桢

"近代科学的目标是什么？就是探求真理。科学方法可以随时随地而改变，这科学目标，探求真理也就是科学的精神，是永远不改变的。"

——竺可桢

前言

中国因他们而骄傲

这套《科学巨人——中国科学家的榜样故事》系列丛书共 10本，由松鹰主编和统稿，邀请国内多位作家参加撰写。主要介绍10 位中国的科学家，他们分别是詹天佑、茅以升、李四光、竺可桢、梁思成、林巧稚、华罗庚、钱学森、邓稼先、袁隆平。

詹天佑是中国杰出的爱国工程师，他主持修建了中国自主设计并建造的第一条主干铁路——京张铁路，被誉为"中国铁路之父"；茅以升是中国桥梁事业的先驱，他主持设计并组织修建的中国第一座现代化大型桥梁——钱塘江大桥，成为中国铁路桥梁史上的一座里程碑；李四光是"中国地质学之父"，他为中国甩掉"贫油"的帽子，为创立地质力学理论做出了重大贡献；竺可桢是中国近代地理学和气象学的奠基者、中国物候学的创始人；梁思成是中国著名建筑学家、古建筑保护的标志性人物；林巧稚是中国妇产科学的奠基人之一、北京协和

医院第一位中国籍妇产科主任，也是首届中国科学院唯一的女学部委员（现称院士）；华罗庚是国际数学大师，被誉为"中国现代数学之父"；钱学森是"中国航天之父"，由于他的卓越贡献，中国导弹、原子弹的研发向前推进了至少 20 年；邓稼先是"两弹元勋"，为中国核武器的研发做出了杰出的贡献；袁隆平是"杂交水稻之父"，他的成就为中国乃至世界粮食事业做出了巨大贡献。

这 10 位中国科学家，是中国科技的先驱者，是中国各个科技领域的旗手。他们为中国近现代科技的发展做出了巨大贡献，在世界范围内也享有盛誉。他们为伟大的祖国争了光，不愧是中国的骄傲！

　　这 10 位科学家的身上有许多宝贵的东西，值得我们学习。

　　一是爱国主义情怀。詹天佑幼年留学美国，回国后用学到的工程技术，投身于中国初期的铁路事业。在詹天佑之前，中国只有几条铁路，而且都是外国工程师主持修建的。詹天佑是第一位在中国成功主持修建铁路干线的中国工程师，在铁路工程技术领域打破了外国人的垄断。茅以升、李四光、竺可桢、梁思成、华罗庚和钱学森这些科学家，早年也都曾出国留学，

并且事业有成。他们毅然放弃国外优厚的待遇，有的还克服重重阻挠，回到祖国的怀抱，用所学报效国家和人民，为中国科技的发展做出了开创性的贡献。茅以升在20世纪30年代主持设计并组织修建了中国第一座现代化桥梁——钱塘江大桥，为中国桥梁事业做出了突出的贡献。邓稼先是美国普渡大学的博士，1950年，他毅然回国，投身于我国核武器的研制，为祖国的强盛做出了不可磨灭的贡献。

　　二是勇攀高峰的创新精神。华罗庚只有初中文凭，但是他自学完成了高中和大学低年级的全部数学课程，20岁时就以一篇论文轰动数学界。他不迷信权威，勇闯世界数学高峰，在多复变函数论、矩阵几何学等方面的成就卓越，被公认为国际数学大师。袁隆平是中国杂交水稻事业的开创者，是当代"神农"。几十年来，他始终在农业科研第一线辛勤耕耘、不懈探索，运用科技手段为人类战胜饥饿带来绿色的希望和金色的收获。李四光在科学研究上独立思考，不迷信外国权威，创立了地质力学理论，为中国找到了大量的石油资源和稀有矿藏，为中国甩掉"贫油"的帽子做出了重大贡献。他晚年还壮心不已，抱病对地震预报、地热开发等做了大量研究。

　　三是可贵的奉献精神。邓稼先为了研制中国的核武器，隐姓埋名 20 多年，并为此奉献了自己的生命，但他从不后悔。袁隆平从事杂交水稻研究半个多世纪，呕心沥血，苦苦追求，其卓越成就，不仅为解决中国人民的温饱问题和保障国家粮食的安全做出了贡献，更为世界和平和社会进步树立了丰碑。竺可桢在气象学、气候学、地理学、物候学、自然科学史等方面的造诣很深。他始终从科学的视角，关注着中国的人口、资源、环境问题，是"可持续发展"的先觉先行者。林巧稚不仅医术高明，她的医德、医风、奉献精神更是有口皆碑，她心中始终装着妇女、儿童。林巧稚一生亲自接生了 5 万多个婴儿，她把每一个婴儿都看作自己的孩子。

此外，梁思成为了保护中国古建筑文化遗产不遗余力。作为中国著名建筑学家、古建筑保护的标志性人物、中国建筑学界的一代宗师，他毕生致力于中国古建筑的研究和中国的建筑教育事业，为祖国培养了大批建筑人才。美国学者费正清称赞梁思成、林徽因夫妇说："无论疾病还是艰难的生活都无损于他们对自己的开创性研究工作的热情。就是在战时，梁思成依旧用英文写成了《图像中国建筑史》。在我们的心目中，他们是不畏困难、献身科学的崇高典范。"

1890
3月7日出生于浙江绍兴东关镇。

1899
进入毓菁学堂读书。

1905
以优异的成绩从毓菁学堂毕业，考取了上海澄衷学堂。

1908
转入复旦公学（复旦大学前身）学习。

1909
考入唐山路矿学堂（西南交通大学前身），学土木工程，成绩为全班之冠。

在伊利诺伊大学毕业，获得农学士学位。进入哈佛大学研究院攻读气象学。

1913
考取第二期留美庚款公费生，进美国伊利诺伊大学农学院学习。

1910
去上海与张侠魂结婚。

1915
获硕士学位，攻读博士学位。由赵元任介绍加入中国科学社并担任《科学》月刊编委。

1917
获哈佛大学埃默森（Emerson）奖学金。被选为美国地理学会会员。

1918
获哈佛大学气象学博士学位。秋，由美返国，到武昌高等师范学校（武汉大学前身）教授地理学与气象学。

1916
在《科学》月刊发表一系列研究论文。

1920

1922
发表《地理对于人生之影响》。

1930
领导气象研究所开展多项业务，开始发布天气预报和台风警报，开创了我国独立自主地进行领土领海天气预报的新纪元。

1928
在北极阁创建气象研究所及气象台，任气象研究所首任所长。

1925
被选为中国气象学会副会长。

1936
4月，接任浙江大学校长。

1931
发表物候学著作《论新月令》。

1937

卢沟桥事变后，组织师生撤离杭州，为迁校奔走。

1938

派员协助搬运《四库全书》。次子竺衡、夫人张侠魂相继病故于江西泰和。9月，浙大师生离泰和迁往广西宜山。

1940

2月，浙大在遵义、湄潭等地复课。

1941

作了题为《徐霞客之时代》的报告。

1943

在黔北发表了《科学与社会》一文。

1944

陪同英国科学院李约瑟夫妇参观遵义。此后，浙大被誉为"东方剑桥"。

1946

离开遵义，随浙大返回杭州。

1947

不再兼任气象研究所所长职务。

1948

3月，被选为中央研究院院士。

1949

7月，赴北平参加中华全国自然科学工作者代表会议筹备会。9月，参加第一届中国人民政治协商会议，参与了《共同纲领》的讨论与制定。10月，被任命为中国科学院副院长。

1950

发表了《中国科学的新方向》。6月20日，在中国科学院第一次扩大院务会议上宣布，首批15个研究机构成立。

1951

发表了《中国古代在天文学上的伟大贡献》和《中国过去在气象学上的成就》。

1956

参加制定《十二年科技规划》。

1957

担任综合考察委员会主任，我国的自然资源综合考察工作进入了一个新的阶段。

1958

组织领导开展沙漠科学考察和研究工作。

1959

3次到内蒙古、宁夏、甘肃等地的沙漠地带考察治沙工作。

1962

组织物候观测网。6月4日，加入中国共产党。

1963

与宛敏渭合著的《物候学》出版。

1964

发表《论我国气候的几个特点及其与粮食作物生产的关系》。

1966

被授予罗马尼亚科学院名誉院士称号。召集有关单位举行国际地球物理年委员会会议，讨论电离层如何对待短波通信的干扰问题。

1972

发表了《中国近五千年来气候变迁的初步研究》。

1973

《物候学》再版问世。

1974

2月7日，病逝于北京医院。

Contents 目录

引言

当他来到这个世界的时候，大清王朝已日薄西山，气息奄奄。潘多拉盒子被打开，西方列强魔鬼似的跑出来，竞相侵略中国。长夜漫漫，民不聊生。远离京城的一个小地方有婴儿呱呱坠地，吸引不了人的眼球。就像鲁迅先生说的："即使是天才，生下来时的第一声啼哭也和其他孩子一样，决不会就是一首好诗。"

当他离开这个世界的时候，一个耄耋老人的辞世也不会让忙忙碌碌的普通人过多地在意，尽管他当时在中国，乃至世界范围内都已经足够知名。

然而时间是清醒剂，它催人们不停地反思；时间是过滤器，它帮助人们鉴别真伪、明辨是非；时间是显微镜，它会在一个漫长的历史时段内肆意地扫描每一位匆匆过客的业绩与品行。

于是，人们庆幸于 19 世纪他的出现，20 世纪他的存在，并在有他的近 84 个春秋面前感受到一种高山仰止的力量。

他从 1913 年在美国哈佛大学攻读气象学专业以来，矢志不渝地以"科学救国""科学报国"的情怀，"筚路蓝缕，以启山林"，成为第一个台风研究的中国权威、中国历史上第一个气象学博士，创立了中国高等教育史上第一个地学系，开设了第一个气象学专业，受聘担任中央研究院第一任气象所所长，创办了第一个中国人自己主持的气象台……这无数个"第一"，不断填补空白，奠定基石，披荆斩棘，点亮未来。

在冲破坚冰的航道上，矗立着属于他的几座光芒四射的灯塔：

中国近代地理学的宗师；

中国近代气象学的奠基人；

中国自然科学史的拓荒者；

中国自然资源考察研究的创始人。

有学者说他是中国科学家中最值得敬仰的大师，像他这样的科学家，100 年来也不过出现七八人。

那么，这位伟大的科学家是谁呢？

天地之间，经久不息地回响着他的名字：竺可桢。

第一章 ｜ 年少屐痕

生于水乡

天色渐渐地放亮。

东边，曹娥江温润的水汽上方，泛起了若明若暗的鱼肚白，慢慢地，一条浅浅的光带形成了。在这条不规则的光带上下，不断洇出五彩的云霞，越来越多，越来越亮……凝滞了许久，突然，太阳像脱去了华丽的大氅一样，庄严地、洒脱地喷薄而出，金色的光芒倏地照亮了宁绍平原上绿水环绕的东关小镇。

当清晨的阳光爬上竺家台门窗棂的时候，一阵清脆的婴儿啼哭声从房中传出，竺家最小的孩子出生了。这个刚出生的孩子，名叫竺可桢，字藕舫，后来成长为当代中国一位伟大的科学家。

孩子的父亲竺嘉祥喜出望外，他盘桓在自家小小的院子里，牢牢地记住了小儿子出生的这一天：清光绪十六年庚寅二月十七日（即公元1890年3月7日）。

绍兴，得名于南宋初期。公元1127年，北方的金国攻陷宋朝的首都汴京，北宋灭亡了。宋高宗赵构丧魂落魄般地逃到江南，题字"绍祚中兴"，意为继承大统，皇室中兴。但在以后的岁月里，南宋统治者一无决心，二无谋略，三无实力，"恢复中原"终于成为一句空话，但绍兴这一地名却从此沿用至今。

竺家祖辈本来聚族而居在绍兴县东关镇（现为绍兴市上虞区东关街道）西5千米的保驾山，日出而作，日落而息，随遇而安，知足常乐。但到了竺嘉祥成家立业的时候，社会动荡剧烈，中国已经逐步沦为半殖民地半封建社会，老百姓的日子越发艰辛。出于生计，竺嘉祥不得不离开家，来到东关镇谋生。

东关镇是宁绍平原水乡北部的一个普普通通的小镇。这里，有一座座的石拱桥。桥上，整天穿行着为生计奔波的人；桥下，舟来楫往，桨声欸乃。这里有一条条古老的青石板路，天长日久，路面被人们的鞋底磨得锃光瓦亮。这里有一座座粉墙黛瓦的楼房，鳞次栉比，高低参差，屋顶上那一株株灰暗的瓦松，仿佛无言地诉说着小镇悠远绵长的历史。

竺嘉祥在东关镇开设米摊，计升量斗，挣几个辛苦钱来维持生活。20岁左右，竺嘉祥与外村一位顾姓女子结婚。1876年，他们有了第一个儿子竺可材，2年后，生下二儿子竺可谦。之后，又生下三个女儿，最后，生下了小儿子竺可桢。顾氏脾气谦和，温柔正直，平时省吃俭用，家务杂事料理得停停当当。

竺嘉祥为人厚道，在当地口碑极好，加之勤奋好学，吃苦耐劳，在做了几年卖米的生意后，逐渐有了一些积蓄，于是，他在镇西的米市街西头自己开办了"承茂米行"。那时，东关镇上米店林立，大商号不断倾轧小商号，"承茂米行"本小门面小，又没有任何背景，生意做得非常艰难，全靠竺嘉祥的好人缘。"承茂米行"虽然一直处于风雨飘摇之中，倒也勉强得以支撑下来。

谋生不易，使得竺嘉祥把更多的心思放在培养子女上。他希望自己的儿子能上学念书，做一个有知识的人。他一直坚信，有学问的人，才能鹏程万里，才能不重蹈自己生活窘迫的覆辙。可材、可谦都被送往私塾，接受科举教育。可谦因病辍学。可材一直坚持学习，后来在县城的一次考试中成绩优秀，补了廪生，成为一名秀才。

可材中了秀才，亲朋好友们都来祝贺，竺家确实风光了好一阵。竺嘉祥更是兴奋得满脸泛着红光。他抚摸着竺可桢的头，微笑着说："你看，你大哥已经中了秀才。你也要赶上大哥，争取做个秀才。"竺可桢不知道什么是"秀才"，他看着父亲那认真的样子，似懂非懂地点了点头。

第一个驿站

竺可桢从小身体非常瘦弱，但天资聪慧，2 岁时他已开始认字。东关镇上逢双日没有集市，全镇暂时摆脱了嘈杂和喧哗，显得非常静谧。这时，竺嘉祥在生意上没有多少事，就教竺可桢认字。竺可桢每认识一个字，就会得到父母的一阵夸赞，有时还会得到糖果、花生一类的奖励。这样，竺可桢认字的兴趣更浓了。有时，他正在妈妈怀中撒娇，但一听到爸爸让他去认字，就马上跌跌撞撞地走过去，兴致勃勃地跟着爸爸一个字一个字地认起来。

在竺可桢 3 岁时，竺嘉祥让他骑在肩上，到镇上访友聊天。青石板街道两边，挂满了各式各样的店号招牌。竺嘉祥点着各家招牌上的字，挑着教他，回程时再考问他。

一次，竺嘉祥指着街上一家布店的招牌问："这是什么字？"

竺可桢懵懵懂懂地看了看父亲，摇摇头。

父亲接着问："那这家叫什么店？"

大人的言谈中经常提到这家布店，竺可桢眼睛一亮，答道："这家店不是叫'恒升布庄'吗？"

竺嘉祥颔首一笑："对呀，这 4 个字就是恒升布庄。"

"恒升布庄。"

"恒升布庄。"

竺可桢念着念着，很快就记住了。

就这样，在父亲的精心指点和启发教育下，竺可桢没过多久就把镇上街道两边的店铺招牌上的字都认出来了。有时，竺可桢看到哥哥们在南侧房中念书，就爬上凳子，伸过头去，指着书本上的字，问这问那。

哥哥们看他好学，也都耐心地教他，并用浅显的语言为他讲解。哥哥教一句，竺可桢学一句，他的神情是那样专注。

竺嘉祥看到这情景，感到一种少有的慰藉，就让竺可材买来书本纸笔，教竺可桢读书写字。就这样，大哥竺可材成了竺可桢的启蒙老师。

按照当地的风俗习惯，每年清明、中元、腊月，竺家都要回保驾山与老家的亲人们一起去上坟祭祖。这时，竺可桢就会高高兴兴地来到保驾山，有时还会留在那里住上几天。保驾山比起东关镇更令竺可桢感到心旷神怡。这里天更蓝，树更多。他与叔伯弟兄们一起玩耍，或上山采野果，或下水塘捉鱼，开心极了。清明时节，他看到油菜花一片金黄。中元节时，他看到漠漠水田上白鹭翻飞。临到腊月，他看到大地一片萧瑟，大雪会把天地变成一片银白的世界。

来过几次以后，竺可桢的小脑袋便开始活动了。他对每次看到的景物感到好奇。有的鸟儿，上回来时它叫得欢，而下次来时竟然看不到了。有的花儿，开放得特别早，而另一些花儿，却开放得特别迟。上次来时，大地还一片葱绿，下回来时就变得黄叶满地了。他感到很新鲜，去问叔伯弟兄们。他们也回答不出，竺可桢很失望。

回家后，竺可桢问大哥。

大哥耐心地告诉他，节气不同，动物、植物的生长和活动规律就不一样。说着，大哥还把《二十四节气歌》背诵给竺可桢听：

> 春雨惊春清谷天，夏满芒夏暑相连，
> 秋处露秋寒霜降，冬雪雪冬小大寒。
> 每月两节不变更，最多相差一两天。
> 上半年来六廿一，下半年是八廿三。

从此竺可桢知道，种田要按节气来，燕子南来北往也是按节气行动的。听了这个道理，他开始认真地把屋梁下燕子到来的日子、离去的日子，院子里花开花落的日子，都在本子上做了记录，留待来年对证。

竺嘉祥经营的米店来往的人较多。接触形形色色的人物，使竺可桢从小得以了解劳动人民的艰辛和他们的喜怒哀乐。宁绍一带虽然是全中国数得着的富庶之地，然而由于统治者的压迫和剥削，加上外国列强的侵略和欺凌，老百姓的生活每况愈下。风调雨顺的年份，老百姓勉强可以维持生活；而一遇旱涝灾害，他们的日子就很难过了。

在家庭的熏陶下，竺可桢从小就有着一颗仁爱之心。7岁时，他在河边玩耍，看到一位老人因借地主一斗米，到期无法偿还而哭着要投河自尽。竺可桢迅即跑回家告诉母亲。母亲慷慨地叫人量出一斗米，还另外多给了一些，给这位老人送了过去。

这件事，给竺可桢的印象太深了。

竺嘉祥遇到一些相熟的农民，总要关切地问上几句："今年收成好吗？"

"人种天收啊！"农民们大都会喷喷嘴，摇摇头，苦笑着回答。

"人种天收"就是说，农民的命运始终掌握在老天爷手中，农民再辛劳，老天爷不帮忙，也无法有一个好收成。那么用什么法子来管住老天爷，让老天爷与农民一条心呢？

竺可桢静静地听着父亲与他人的对话，仰望着湛蓝的天空，沉思起来。

他多想知道那蓝天白云后面躲藏着什么东西，多想知道那雨雾霜雪又是怎么一回事啊！

竺可桢随大哥读了几年书，已能背诵《四书》，并开始学作八股文。后来大哥成了秀才后，每年都要去县城赶考，前后要花费很多时间。为了不耽误竺可桢的学习，父亲请来一位旧学渊博、阅历较广的章镜尘先生来家中设馆。米市街也有一些同行的子弟趁机过来借读。章先生看竺可桢勤奋好学、聪颖过人，对他十分喜爱，常常在课后另外给他"开小灶"。在点读讲解文章以外，章先生有时还给竺可桢讲一些宋明以来当地许多志士仁人的故事，使竺可桢获益很大。

戊戌变法后，东关镇受维新思想的影响，镇上办起第一所小学——毓菁学堂。章先生被聘到学堂任教，竺可桢的大哥竺可材后来也到学堂当教员。1899 年，竺可桢在毓菁学堂开办的当年就进了学堂读书。

在竺可桢入学堂读书的第三年，清政府与帝国主义列强签订了丧权辱国的《辛丑条约》。《辛丑条约》是帝国主义勒在中国人民身上的又一条沉重的枷锁。

丧钟般的消息伴随凄风苦雨传到东关镇，深深刺痛了竺可桢幼小的心。

一次，在课堂上，老师让学生们用"苦""甜"二字当场造句。

轮到竺可桢时，他站起来，神情严肃，一字一顿地说："丧权辱国最苦，国家富强最甜。"

小小年纪就有这样的责任感，老师听后，十分欣慰。

按照"中学为体，西学为用"的课程设置，竺可桢在学堂里接受了很多新的知识。"中学"的内容，如读经、修身等所占比重较大，但竺可桢早已驾轻就熟了。"西学"，即自然常识的课程，比重虽小，却给竺可桢开启了一个新知识的窗口。"西学"的内容非常合乎竺可桢的胃口，他隐约感到自然现象中一些令他迷惑不解的问题，都可能在"西学"中找到答案。他对"西学"的兴趣更浓了。

1905 年，竺可桢以优异的成绩从毓菁学堂毕业。他想学习更多的知识，他想了解外面的世界。

东关镇，竺可桢人生旅途上的第一个驿站。15 年过去了，竺可桢早已不是绕梁呢喃的乳燕，他是怀有凌云壮志的鸿鹄。如今，他要飞翔了。

｜来到上海

1905 年，15 岁的竺可桢来到上海。他考取了由浙东镇海籍商人叶澄衷捐资兴办的澄衷学堂。

原本叶澄衷创办学堂的目的，是要教育宁波的贫穷子弟。后来学堂规模渐大，便成了全上海较为有名的私立学校了。

有人曾这样评价上海说，历史有预谋似的将上海造就成一座西式城市，使它那么不和谐地附着在辽阔的亚洲大陆上。

当上海以东西方文化激烈碰撞的形式突兀地出现在东海之滨的时候，国人坦然地承认了它，接受了它。毕竟，有着 5000 年文明史的中华民族的胸襟是博大的，是可以包容世界上的一切优秀文化的。尽管，这其中饱含着屈辱和辛酸。

外滩是上海的心脏。当 15 岁的竺可桢有机会用他那怯生生的目光打量这个心脏地带时，不由得对这个比自己想象中还要繁华 1000 倍的城市感到惊愕。

黄浦江蜿蜒而下，一艘艘货船、渔船、运沙船、摆渡船、游船在水中穿梭，整个黄浦江上一片喧嚣、忙碌和杂乱。

在外滩当时长约 1.5 千米的滨江大道上，轮船招商总局大楼、华俄道胜银行大楼、江海关大楼等早已建成。更多的新颖的大楼正在建设之中。巍峨的建筑显示着各自的个性，有的强调线条和轮廓，有的讲究对称和庄重。以黑色、白色、红色、灰色的花岗岩做墙体，建造出的各种哥特式、巴洛克式、罗马式、中西合璧式的高楼比肩而立，使人着实感到"万国建筑群"的称谓名不虚传。

竺可桢感到一阵目眩。

比起大上海，东关镇可能只算得上是米粒大小的地方，但竺可桢还是时时地想念着东关镇，想念着在米市街上居住的父亲、母亲。

小学毕业时，老师们极力建议竺可桢的父母送他到大城市去读书，并愿意解囊相助。可是，母亲担心竺可桢年岁尚小且身体瘦弱，远离家长，独自一人恐怕难以照顾自己。作为一家之长的父亲，有心让儿子出去求学，但此时家境已经比不上10年前了，大哥大姐的婚嫁，已经花光了家中的积蓄，而"庚子赔款"摊下来的捐税却越来越重，家中的生意也越来越不景气。父亲只好找几个朋友，约了一个"会"，这才临时筹措了一笔钱，送竺可桢来上海，并且千叮咛万嘱咐，务必保重身体，省吃俭用，专心求学。

想着想着，竺可桢的眼泪禁不住夺眶而出，他望着东关镇的方向，默默地说："父亲、母亲和老师，我一定不辜负你们的期望。"

竺可桢来到澄衷学堂时，已是澄衷学堂新添中学部的第三年。据竺可桢的同学后来回忆，澄衷学堂共有 12 个班，课堂分东、西两排。最高一班称为东一斋，第二班为西一斋，依次直到西六斋。那时候还没有严格统一的学制，也没有中学或小学之分。一般说来，这 12 个班中，前 6 个班为中学，其余 6 个班为小学。澄衷学堂的学科设置比较齐全，除国文、英文、算学之外，还有物理、化学、博物、图画等科。分班大致依据学生各科知识的平均水准，但英文、算学水平过低的，则不能进入高班学习。

学校有几十幢 2 层楼房，有的用作教室，有的用作宿舍，有露天的操场，还有一座新建的钟楼。学校里种着不少法国梧桐，校园清洁、宽敞。能在这样的环境中念中学，竺可桢很是满意。

中学的课程设置比乡间小学多得多，竺可桢不得不用比其他同学更多的时间和精力来完成功课。特别是英语课，犹如拦路虎一般横亘在竺可桢的面前。过去在乡下从未学习过英语，比起城里的学生，竺可桢明显从起跑就落后了一大截。竺可桢在自己的床头贴上一张纸条，上写 4 个大字："醒来即起"。从此，他坚持早起，睁眼就开始学习，一年四季天天如此，从不偷懒。功夫不负有心人，第一学期期中考试成绩仅在中游的竺可桢，到期末考试时已在班级中名列前茅了。

在澄衷学堂读书的学生中，有的出身官宦人家，也有不少富绅子弟。开始同学们并不太注意竺可桢这个一身粗布衣衫、一口绍兴土话的瘦小个子，但后来因为他的成绩突飞猛进，同学们不由得向他投来赞许和钦佩的目光。

由于经常熬夜，加上营养不足，原本瘦弱的竺可桢更加消瘦了。有一次，在从教室回宿舍的路上，竺可桢听到后面有同学在议论自己。

"你们看，像竺可桢那样，一定活不过 20 岁。"

不用回头看，竺可桢一听这皖南口音，就知道是同班同学胡洪骍的高论。

这位胡洪骍，就是后来大名鼎鼎的胡适。他颇有才情，文章写得好，但有些恃才傲物，说话也很尖刻。

听到胡洪骍的话，竺可桢很生气。他本想抢白一下胡洪骍，但最终忍住了，只是心中感到很不是滋味。

回到宿舍里，竺可桢洗了把脸，仔细琢磨胡洪骍的话，感到胡洪骍的话倒是为自己敲了个警钟。

竺可桢想："我虽然身体瘦小，但从来少病，体质并不虚弱。但仅此是不够的，要想求得好学问，当然要使身体健壮。如果身体不好，是无法承担繁重的学业的，当然也就无法掌握更多的科学知识了。"

从此，竺可桢每天早上起床后坚持做早操，还经常跑步、打篮球、游泳、远足、爬山。

经过一段时期的刻苦锻炼，竺可桢的身体终于健壮了起来。

若干年后，每当人们说起往事时，竺可桢总是宽容大度地说："我还得感谢他呢！"正因为如此，竺可桢与胡适后来一直保持着较好的友情。

竺可桢学习努力，成绩优良，为人正直，在同学中威信很高，后来被同学们推选为班长。

恰恰因为这班长的身份，他后来才卷入了一场始料不及的风波。

澄衷学堂的校长办事专断，任人唯亲。他的一些至爱亲朋，本不具备教学的才干，也被他安插进学堂任教，对此，学堂的师生们颇有微词。

1908 年春季，离毕业还有 3 个月。竺可桢班上的同学们对图画课教员有意见，于是他们公推班长竺可桢为代表，与校长交涉，希望能撤换这位老师。

校长听说学生们派代表来与自己谈判，非常生气。学生居然敢与校长谈判，这还了得！

竺可桢很礼貌地向校长致意，然后陈述了同学们的意见："同学们推选我为代表，来向校长您提出一个郑重的请求。"

校长面无表情地看着竺可桢，努力掩饰自己的愤怒。

竺可桢不卑不亢，继续说道："教师，应能传道、授业、解惑，而我们现在的图画课教师，根本无法胜任这个工作，这不是误人子弟吗？为此，我们一致要求，校长应立即辞退这位教师，另请称职者来任教。"

校长一听，大怒，失态地猛拍了一下桌子说："你们目无法纪，胡作非为，竟然要驱逐师长，殊违孔孟之道。不绳之以纪律，何以维护师道尊严？你竺可桢竟然带头闹事，实为校规所不容！"

竺可桢也不示弱，他仍然彬彬有礼地回击道："校长，我们提出的要求是合理的。我们并非闹事。如果不撤换这位图画课教师，那我们只好不上他的课。"

校长冷笑道："好，我正不要你们上课。"

　　事情弄僵了。校长不同意更换图画课教师，学生们开始罢课。双方僵持不下，直到期末，这班同学未能毕业，学校也因此停办。

　　暑假以后，竺可桢考入复旦公学（复旦大学前身）继续学习。

　　这年冬天，竺可桢的母亲去世。竺可桢赶回东关镇奔丧。想到母亲含辛茹苦地把自己养大，竺可桢悲痛不已。母亲永远地离开了自己，他唯一可以报答母亲的，就是学业不断长进。竺可桢暗暗地下定决心，要加倍努力学习。

北上唐山

　　1909 年，竺可桢离开复旦公学，远走北方，考入唐山路矿学堂（西南交通大学前身），学习土木工程。

　　唐山是北方的重镇。传说在公元 645 年，唐太宗李世民东征归来，驻扎在现在大城山一带休整。这期间，他宠爱的曹妃突然病故，李世民痛悼不已，下旨以唐朝的国名命名此山，始有"唐山"之称谓。但唐山的发展则缘于清末洋务派的"洋务运动"。1876 年底，洋务派在唐山开平一带勘测煤块铁石的样品。1878 年，开平矿务局正式设局，揭开了唐山采煤、炼铁、筑路三者并举的开发序幕。1880 年兴建、第二年通车的从唐山到胥各庄的约 10 千米长的铁路启用，进一步为唐山的发展奠定了基础。到竺可桢去读书时，唐山已经发展得小有规模。

　　竺可桢之所以选择唐山路矿学堂，是因为这所学堂除了免收学杂费，每月还给学生发放一些生活津贴，这对于家境不富裕的竺可桢来说无异于久旱逢甘霖。这可算是竺可桢北上唐山的主要原因。唐山路矿学堂学校内部管理严格，教学秩序严谨，教学质量也很高。这所学堂的数理化课及专业课，都由英国人直接用英语讲授。自《辛丑条约》签订后，西方列强在中国的特权进一步扩大，特别是取道一些殖民地来中国的英国人，更是竭力维护他们所在地周围的殖民气氛。唐山路矿学堂内也不可避免地弥漫着这种气氛。

英国教师一口标准的伦敦腔着实让竺可桢与全班同学向往不已，但全部用英语授课，也让竺可桢他们感到一时不适应。但竺可桢想，这正是锻炼自己英语能力、熟悉英语语言习惯的最好时机。开始听不懂，没关系！上课用心听，下课用心背，反复记，反复练，很快，竺可桢再听英国教师用全英语授课已完全不存在任何障碍了。

使人难以接受的是，英国教师根本不屑于记住每个学生的名字，他们把学生编上号码，在课堂上使用，这很容易使人联想到牢房的囚号。况且，英国教师的语调极为粗鲁，骨子里透着傲慢与鄙视。

每当教师叫道："Number one two seven!"

竺可桢就知道，这是在叫他了，127 号。

教师每叫一次，竺可桢的心灵就要被敲击一次："几年前，八国联军打到了我们的京城，烧杀抢掠，罪行累累。今天，这些外国人已经把中华大地看成他们的大不列颠，看成是他们的法兰西了。半殖民地国家人民的屈辱，何时可以洗雪？"

年近 20 岁的竺可桢此时已经清楚地知道，创造了造纸术、指南针、火药和印刷术的祖国已经在近几百年中没有取得过有重大意义的科学技术进步了。而西方社会，经过一批思想家、发明家的科学探索，已经走过了工业革命的阶段，很多行业包括武器生产等领域各项创造发明不断涌现。要摆脱受西方列强欺凌的命运，就必须在科学工程技术上以西方人为师。

想到这些，竺可桢看得更远了。

这一天，英国教师叫到竺可桢的代号，竺可桢坦然地站起来，停顿了一会儿，一字一句地用中文说："我叫竺可桢。"随即，他用流畅的英语回答了教师的提问。英国教师狐疑地看着眼前这个清瘦的学生，无法相信这瘦小的身躯内会迸发出如此坚毅的力量，也无法相信这不起眼的学生竟能用如此缜密的思维、正确的语法回答了自己的提问。

以后，每当教师再喊到"Number one two seven"时，竺可桢不再感到愤懑了，他把一颗受伤的心化成发愤读书的能量，久久地蓄积在自己的体内。

知耻而后勇。竺可桢学习更勤奋了。每天清晨，他很早就起床，去宿舍前边的空地上诵读外语，对数理化课中学到的各种公式都能做到烂熟于心、运用自如。经过坚持不懈的努力，短短一年半时间，5 次考试，竺可桢 5 次荣获全班第一，英语水平更是得到较大的提高。连那些高傲的英国教师，也不得不对他刮目相看。

西伯利亚的寒流越过大兴安岭，越过长城，席卷唐山。竺可桢初次来到北国，所带的棉衣不足以御寒。彻骨的寒冷是他从来没有经历过的。但他知道，家乡现在很苦，家里的日子越来越难过，米店生意清淡，生活早已入不敷出，父亲甚至不得不将房屋产权抵押给别人，通融几个钱暂渡难关。在这样的情况下，竺可桢不愿启齿给家中增加负担。

一天，他收到了大哥竺可材寄来的包裹。打开一看，是一件皮袍。这不是大哥保存多年，平时都舍不得穿的那件皮袍吗？如今，哥哥为了让自己安心求学，无私地献出所能献出的一切，真是一位好兄长啊！在凛冽的寒风中，竺可桢捧着皮袍，感到它沉甸甸的，两行热泪潸然而下。

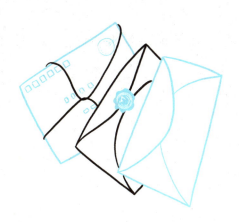

第二章 ｜ 负笈美利坚

游必有方

立秋节气已经过去多时，天气依然非常炎热。站在高高的甲板上，望着岸上那林立的高楼大厦，竺可桢的心情好极了。

几只海鸥贴着水面徐徐飞来，忽然间，它们扑打着灰白色的翅膀，加速飞到甲板上，从竺可桢的头顶飞过，转了一个弯，又飞向前方的水面。

大家交谈着，等待着⋯⋯

1910 年 8 月 16 日，这是竺可桢永远不会忘却的一天。远洋客船就要载着他离开上海，离开中国，远涉重洋，去美利坚合众国那个陌生的地方。

当北国的冰雪刚刚开始消融，竺可桢以优异的成绩在唐山路矿学堂学满一年时，恰好传来了第二批庚款公费生选拔考试就要开始的消息。4 月中旬，朝廷正式发布咨文，诏令各地送考游美学生。

在唐山路矿学堂学习的一年中，英国教师用英语教学，使竺可桢获益良多，他认为自己有实力去搏击一下这次选拔。

按照要求，第二批庚款公费生报考分为两格：第一格为 11—15 岁；第二格为 16—20 岁。竺可桢报考了第二格。

当年，帝国主义列强与清政府订立的《辛丑条约》中的一项重要内容，是胁迫清政府按当时中国的人口总数，以每人白银 1 两计算，计 4.5 亿两白银，付给西方列强作为"赔款"，分 39 年（1902—1940 年）还清，连利息总计 9.8 亿多两白银。这就是中国历史上屈辱的"庚子赔款"。

帝国主义的疯狂掠夺，使中国民穷财尽、灾祸连绵、百业萧条，1911 年，即竺可桢赴美后的几个月，清王朝的外债累计已超过 12 亿两白银。中国陷入"名存实亡"的绝境，清王朝已经滑向万劫不复的深渊。

帝国主义的超额勒索，不仅受到中国人民的反对，也受到外国正义人士的纷纷指责。

由于美国当时在中国的势力不如英、法、德，又因其远在大洋彼岸，地理位置远不如与中国毗邻的日、俄优越，在"庚子赔款"中只分得 7% 左右的份额。过了 6 年，美国伊利诺伊大学校长詹姆士在给当时的美国总统的一份备忘录中建议："哪一个国家能够做到教育这一代中国青年人，哪一个国家就能由于这方面付出的努力，而在精神和商业的影响上取得最大的收获。"因此，他敦促美国政府通过吸引中国学生来美学习，培植与造就一大批日后可以被美国利用，可以从知识和精神上支配中国的新的英才俊彦。不久，美国首先提出退还"赔款"，条件是将分得的款项的大部分作为 1909—1940 年分批接收中国留学生之用。这一提议得到了清政府的认同。显然，颇有远见又颇多心计的美国统治者是要将"赔款"作为钓饵，从长远着眼努力培植亲美势力，网罗优秀人才，为己所用。而中国则是要将美国退还的"赔款"转为"廪饩"（发给留学生们的津贴），让中华子弟学习西方先进的科学技术，寻求强国之道，为国所用。

宣统元年即 1909 年，第一批庚款赴美生共录取了 47 名，被分配在美国的 19 所大学学习。

有了上一年的示范作用和影响力，第二年的报考人数更多了。当竺可桢办好报考手续，领取准考证后，距开考仅有 10 多天时间了。他得知，与他一起报考的有 400 多人。

首场考试的上午考中文论说，题目为《不以规矩不能成方圆说》。竺可桢的国学功底扎实，写作一气呵成，顺利交卷。下午考英文论说。由于有在唐山路矿学堂打下的英文底子，竺可桢也不觉得有多高的难度。第二天，有报纸报道说，考生成绩不好，不及格者居多云云。竺可桢不为此消息所动，情绪越发镇静，集中精力温习其他科目，因为他对自己还是颇有信心的。果然，等到 7 月 25 日张榜公布时，通过第一轮考试的有 272 名考生，竺可桢榜上有名，且名次较为靠前。接下来的第二轮考试，他又先后参加了代数、几何、化学、物理、希腊史、罗马史等 10 多门科目的考试。

在焦急的等待中，终于发榜了。第二格的第一名是杨锡仁，得分 79 分；第二名赵元任，得分 73 分；第二十八名竺可桢，得分 63 分；第五十五名胡适，得分 59 分……办理了出国的手续后，竺可桢看着遍布北京城的红墙黄瓦，心情是前所未有的豁然敞亮。

"呜，呜，呜……"汽笛几声长鸣，轮船启碇开航了。

岸上，送行的亲友们人头攒动，人们不停地挥动双手，呼喊声、叮嘱声、抽泣声、欢笑声，交织成一首嘈杂的组曲。尽管自己的亲友并没有来上海为自己送行，但竺可桢还是站在甲板上与大家一起挥着手，默默地注视着岸上那些素不相识的人。

海风越来越大，竺可桢感到剪去辫子后，脖颈之间有着一种前所未有的凉爽感。

巨大的客轮劈波斩浪前行，轰鸣着驶向大海深处。看着这舻舳般的巨轮，竺可桢不由得又想到在家乡小河里穿行的乌篷船……

江浙自古多状元。东关镇的人们知道很多关于状元的逸事佳话，但对竺家三儿要漂洋过海，到远在天边的美国去留学，却感到非常新奇。竺可桢回到东关镇，小镇轰动了，一时间，竺家台门成了小镇那些天社会活动的中心。亲戚朋友来贺喜，街坊邻居来贺喜，老师同学来贺喜，即使是不认识的人也会投来钦佩的目光，仿佛竺家的荣耀也是他们的荣耀。

回到东关镇的第二天，竺可桢在大哥的儿子竺士楷的陪同下，乘坐乌篷船前往保驾山。穿过葱绿的水稻田，越过低矮的小树林，他来到母亲坟前磕头，向母亲辞行。

母亲已逝，父亲健在，自己本不应该远行。孔子说"父母在，不远游"，但他又说过"游必有方"。自己这次去遥远的地方是去求学，去拜师，是去掌握新知识的，竺可桢暗自向母亲保证，要用学业的新进步来告慰母亲的在天之灵。

匆匆忙忙地回到东关镇，待了3天时间，他就要赶往上海，在几天时间内办好赴美的一切手续，购置所需的生活用品。他与家人道别，连夜乘船前往上海。小桥流水人家，老树粉墙黛瓦，家乡的一切慢慢地在朦胧的月光中隐去了。

风浪越来越大，客轮继续前行，上海渐渐在竺可桢的视野里模糊了……

伊大与哈佛

客轮"中国皇后号"经停横滨、夏威夷，在太平洋的风浪中颠簸多日，终于抵达美国西海岸的旧金山。

随后，竺可桢一行 70 人又乘火车前往华盛顿的留美学生监督处报到，经核定，他们各自去往自己所定的学校。赵元任、胡明复、胡适去了纽约州的康奈尔大学，而竺可桢则去了伊利诺伊大学。

竺可桢认为，中国是农业国，民以食为天，万事以农为本。所以到了美国后，他放弃了在唐山路矿学堂所学的土木工程专业，报读美国中部的伊利诺伊大学农学院。

伊利诺伊大学位于芝加哥以南 200 多千米左右的香槟与厄巴纳之间。该校创建于 1867 年，到竺可桢等人入学时，学校办学虽不足半个世纪，但已成为全美著名的大学了。学校四周环绕着一望无际的农田。春天来了，校园里弥漫着农田里深翻过的土地的芬芳，坐在教室里也能瞥见田野上飞燕草、苜蓿、山茱萸、矢车菊怒放的景象。

美国发展农业具有得天独厚的自然条件。多数地方地势平坦，气候适宜，雨量均匀，土地肥沃，适合种植各种农作物。

先进的科学技术，雄厚的工业基础，促进了农业的机械化、化学化和良种化，农作物产量普遍较高。竺可桢经过考察，了解了中美农业的差异，于是想改学理科，但未获美国教育当局的同意。

当时，美国人对中国人比较友善，但他们有自己的优越感。在美国高层中，不少人将中国看成一个毫无生气、毫无进取心的国度。竺可桢知道，要得到别人的尊重，就必须励志，必须刻苦学习，要让别人看到，中国人的智慧一点不比别的国家的人差。

到达美国后的第二年夏天，竺可桢放弃了去大西洋沿岸度假的机会，与同学结伴沿着长长的密西西比河去美国南部的路易斯安那州、得克萨斯州做社会调查，考察那里的水稻和甘蔗的种植情况，学习当地农民的种植经验。

密西西比河是美国的"母亲河"，是美国河道最长、流域面积最广、水量最充沛、开发利用价值非常高的一条大河。两岸土地肥沃，物产丰饶，是美国著名的"粮仓"。竺可桢一边考察一边记录，一边调查一边思考，有了新的感悟与收获。

勤于学习，又善于比较，是竺可桢学习的重要方法。他知道，世界上任何一种美好境界，都必须通过奋斗才能达到。

辛亥革命爆发的消息传到美国，竺可桢兴奋异常。他想，从此中国有救了。然而，不久他就知道，辛亥革命的成果被袁世凯等人攫取了。封建帝制结束了，但军阀割据的局面却出现了。由于远隔重洋，竺可桢等留学生还无法完全体会到国内人民的痛苦和煎熬，他们的注意力还主要集中在自己的学业上。

1912 年暑假，竺可桢谢绝了同学们去看尼亚加拉大瀑布的邀约，再次去南方考察。他在路易斯安那州的一个小城西部住下来，驾轻就熟地帮助农民干活。同行的几个同学干了 3 天就去游览美景了，而竺可桢一直忙着收摘西红柿、菜豆等蔬菜，整整做了两个月的帮工。在这里，他一面了解美国农村，一面挣点钱补贴自己的零用。

3 年苦读，竺可桢从伊利诺伊大学毕业并获得了农学士学位。由于庚款留美生的公费学习期限为 5 年，竺可桢无须申请新的助学金。只是留下来攻读什么专业为好呢？竺可桢一直颇为踌躇。正在这时，学校教务处老师建议他去攻读与他原来的农学专业联系颇深的气象专业。

气象专业！这仿佛是一支火把瞬间点亮了幽暗的溶洞。气象学是当时新兴的边缘学科，与竺可桢的志向非常契合。在选择未来的道路时，他又想起家乡保驾山那四季不同的景物，想起家乡的农民们"人种天收"的喟然叹息，于是他决定学习理科，选定气象学作为自己研读的方向。

有志者事竟成。竺可桢通过考试，终于以优异的成绩考入美国东部的哈佛大学研究院，攻读当时最新兴、最前卫、最尖端的新学科——气象学。

绿草如茵，花木扶疏，一幢幢造型别致、风格典雅的建筑物掩映在浓密的绿树之中，一切都显得那么有生气。竺可桢对哈佛大学的第一印象太好了。

哈佛大学是世界著名的学府，始建于 1636 年，为纪念已故的捐款者约翰·哈佛，在 1639 年更名为哈佛学院，于 1780 年正式改称哈佛大学。

那时，美国的大学一般都有一个校训，哈佛大学的校训是 Veritas（真理）。哈佛大学治学严谨，一直按照这一校训来教书育人。竺可桢非常赞赏这个校训，多少年后一直以这则校训作为自己从事科学研究活动的准则。有人形象地比喻说，哈佛大学就像是一个丛林，猴子可以在里头自由活动，在各种树上随意寻觅各种坚果，在枝干树杈之间自由地摇摆跳跃，凭其本性，就可以知道哪种坚果好，哪些坚果能够吃。只要自己有愿望，哈佛大学的学生都能享受到这种各式各样的坚果盛宴。

对此，竺可桢有着同样的感受。当时，在美国也仅有哈佛大学研究院设有气象课程。竺可桢来哈佛研究院时，攻读气象学的同学并不多。开学时，校长洛厄尔向大家介绍了学校气象学教授沃德、麦坎迪等。后来，他们成为竺可桢的导师。竺可桢尊重这些学术泰斗，与他们相处融洽，并在他们的指导下选修课程，开展研究。教授们对这个来自大洋彼岸的中国小伙子非常器重，并对他寄予厚望。

在一次座谈中，著名科学史专家沙顿豪迈地说："请诸位记住，气象学过去是而且将来也一定是一门大有益于人类的科学，它的价值会越来越被人们发现。"也许，沙顿不过是阐述一个简单的科学发展现象，但竺可桢的心却被猛烈震撼了："'大有益于人类的科学'，这是多么崇高的事业，难道不值得为之奋斗终生，为之贡献自己的一切才智吗？回望自己的祖国，这个世世代代以农耕为主体的国度，气象科学技术还是一片空白，这种落后的状况必将由我们这一代人去改变。"竺可桢就此下定了决心。他把地质、地理、气象、气候等课程都一一纳入攻读之列，而且特别选修了沙顿教授的自然科学史，他感谢沙顿教授的一席话让他醍醐灌顶。

春华带来秋实，竺可桢于1915年获得了哈佛大学硕士学位。

　　此间，家乡传来消息，父亲经营的米行因亏损严重，已经转让给他人了，家中的生活捉襟见肘。竺可桢知道后，更加省吃俭用，从自己每月发下来的有限费用中省下一部分，寄回家去，周济老父及家人。

　　为了学到更多的知识，竺可桢申请继续延长在美学习3年，获得同意。

　　1918年秋天，竺可桢从哈佛大学研究院毕业，他的博士论文《远东台风的新分类》答辩获得通过。清瘦的竺可桢无比喜悦地穿上了象征着知识与荣誉的博士服。竺可桢成了我国历史上第一个气象学博士。

崭露头角

早在 1914 年，在美国康奈尔大学学习的中国留学生任鸿隽、杨铨、赵元任、胡明复等人就倡议筹办科学社，并于 1915 年在上海印刷发行了《科学》月刊第一期。在此基础上，他们于 1915 年 10 月在康奈尔大学所在地纽约州伊萨卡成立了科学社（后改名中国科学社）。社员多为在美国各大学学习科学技术的留学生。后来，科学社负责人先后转到哈佛大学学习，《科学》月刊编辑部也随之迁到哈佛大学所在地马萨诸塞州剑桥市。

中国科学社的第一批社员共有 9 人，大家选举任鸿隽为社长，杨铨为《科学》月刊编辑部部长，竺可桢为月刊英文版分编委主席，负责一年中 4 个月的具体编务工作。竺可桢积极参与科学社的活动，并在一开始就成为科学社的中坚力量和《科学》杂志的重要编辑人员。

是巧合，又是必然。就在竺可桢这批留学生在美兴办科学社的同时，在国内，参加过辛亥革命的陈独秀等人在上海创办了《青年》（后改名《新青年》）杂志，吹响了新文化运动的号角，《新青年》杂志成为新文化运动的主要阵地。新文化运动的基本口号是提倡"德先生"（Democracy）和"赛先生"

（Science），也就是民主和科学。《新青年》和《科学》的出现，也许只是两股涓涓细流，却在一定程度上反映了中国知识分子的觉醒，标志着为民主、为科学而奋斗的力量已经不自觉地汇集到了一起，不断地蓄积，等待着发出排山倒海的震响。后来，随着中国科学社的一些发起人相继回国，《科学》月刊编辑部也迁到上海。

这一时期的竺可桢就像一台动力十足的火车头，不知疲倦地拉着多节车厢风驰电掣地前进：一节是自己的硕士、博士的学业，课程紧，要阅览的书籍、资料很多；一节是中国科学社将于 1916 年秋季召开的第一次年会的筹备工作，除了会务准备活动外，他还为年会提交了《朝鲜古代之测雨器》《地理与文化之关系》《钱塘江怒潮》等 3 篇文章；一节是《科学》杂志编辑工作，他自己在 1916—1917 年为杂志撰写了 16 篇学术文章。

竺可桢懂得，科学工作毕竟是要用科学成果来说话的，非下苦功夫不可。

进入哈佛大学研究院不久，他就与导师麦坎迪教授拟定了硕士论文题目"关于中国的雨量研究"。显然，这是一个吃力不讨好的课题。倘若选择美国的雨量研究作为论文方向，哈佛大学在这方面的资料非常丰富，论文肯定可以出彩。而中国雨量方面的资料，在哈佛、在美国都是非常匮乏的。但想到千百年来中华大地旱涝不断，在特别的年份里，不仅百姓的温饱难以保证，还会出现饿殍满目、赤地千里的悲惨景象，他决定迎难而上。他把自己埋在图书馆里，仔细搜集中国历代的一切可用的资料，还到美国的气象台测验所实习、观测，向专家们讨教分析方法与要点。通过细致的分析，竺可桢认为历史上影响中国雨量及在各区域分布规律的因素，主要是季风强弱、地势高低和风暴路程这三大因素。据此，他总结出中国降水的规律。同时，还将中国风暴加以科学地分类。阐述这些研究成果的《中国之雨量及风暴说》一发表，立即引起美国学界的关注。"小荷才露尖尖角"，就显示了与众不同的逻辑思维与辨别能力。

1917年，竺可桢被接纳为美国地理学会会员，并于同年获得埃默森奖学金。这一年，他还在《史地》等杂志上发表了《说风》等多篇论文。

接着，他与博士导师沃德教授商定，以"远东台风研究"作为自己的博士论文的研究方向。毫无疑问，这是一个范围更广、内容更多元的大课题。远东地区，特别是太平洋西岸沿线国家，每年夏秋时节频遭台风的袭扰，防不胜防，损失惨重。

竺可桢对中国、日本、菲律宾、越南、朝鲜等国遭受台风侵袭的资料进行了科学的比较，条分缕析，取诸家之长，补诸家之短，提出了远东台风新分类的一系列观点。高傲但严谨的美国学界又一次啧啧称奇，他们把竺可桢看成当时台风研究领域的新的学术权威。

学业上突飞猛进，生活中的坏消息却不断传来。在美国读书期间，二哥、大哥、父亲在贫病中相继去世，这令竺可桢肝肠寸断。美国与中国之间远隔重洋，万里迢迢。几回梦里回家乡，可等日后真回到家乡，竟再也见不到老父慈祥的笑容，再也感受不到兄长的古道热肠，这是多么残酷的现实！学业为重，竺可桢唯一能做的，就是频频寄信抚慰家中的亲人们，并尽可能在生活费中多省下一些钱寄往家中，缓解家中的困顿。

查尔斯河是波士顿与剑桥市之间的一条美丽的河流，蜿蜒曲折，河水清澈。竺可桢有时也会在学习之余与同学们来河边休憩，丰草绿缛，佳木葱茏，白帆点点，凉风阵阵，很快就驱散了学习带来的疲惫。漫步在河边的小道上，竺可桢看着这条蓝缎带一样的河流，马上就会想起家乡的曹娥江，想起浙江的钱塘江，想起中国的长江、黄河……他无数次吟哦着唐诗宋词中那些思乡的句子，回国的愿望越来越强烈。

5 年在哈佛大学的生活，使他对哈佛大学有了直接的、深刻的认识。哈佛大学的学风、学制、校训，特别是前任校长艾略特先生以 40 年的不懈努力，将一所原本水平并不很高的学校，打造成为世界知名的学府……这一切，都给竺可桢留下了很深的印象。

弹指一挥间，8 年美国求学的生活结束了。竺可桢扎实的研究功底，卓越的科研成就，使他受到美国气象学界的青睐。有几家美国气象台欢迎他前去工作。面对优越的研究条件和富裕的生活水平，竺可桢不为所动。怀着"科学救国""贤哲政治""学术自由"的理想和观点，他踏上了归国的旅程。

他要回来报效可爱的祖国了。

他要回东关镇，在父母、兄长的坟前洒一掬苦思的泪。

迎着海风，竺可桢习惯性地推了推眼镜，张开手指，拢了拢头发，默默地站在栏杆旁。波涛汹涌，水随天去。他看见船尾的栏杆与隐隐可见的灰暗的水平线，在波峰浪谷中交替着起起落落。

他感到轮船开得太慢了。

但他知道，他离美国越来越远了，而距中国越来越近了……

教书初体验

祖国，像巨大的磁石，吸引着远方的游子。

然而，当竺可桢回到灾难深重的祖国时，他的心变凉了。

辛亥革命赶走了皇帝，但取代清王朝统治的，则是帝国主义卵翼下的北洋军阀。一时间，中华大地军阀割据，战乱频发。

同竺可桢一起出国的几十名留学生，除部分留在美国以外，其余人回国后大多改行经商，还有的则投奔军阀做起了幕僚。

竺可桢回国后，也曾有朋友来看他，好心地为他筹划今后的日子："现在海关那边需要监督，薪水很高，你英语好，到那里工作很合适。我可以推荐你去海关做事，不知你意下如何？"

竺可桢紧握着朋友的手，连声感谢。

是啊，如今哀鸿遍地，民不聊生，找一份薪水高的工作很不容易。而且竺可桢本人，竺可桢的家庭，都迫切需要较高的收入来支撑啊！

去国8年，家中已经发生了很大的变化。此前，竺可桢回了趟东关镇，家中凄凉的境况使他好多天夜不能寐。

家里的店面、住房都已易主了。哥哥去世后，抚养教育侄儿辈的责任，全部落在自己的肩上。父亲的坟墓地势过低，江南夏秋季多雨，届时肯定受淹。如果自己收入多些，自然能使家里的生活过得宽裕些。

但是，想到寒窗苦读的这十数年，想到中国落后于美国等世界列强的现状，竺可桢觉得作为一个科学人士，作为一个中华男儿，放弃自己"科学救国"的责任，放弃自己孜孜以求的奋斗目标，即使生活再安逸，衣食住行再好，那也不过是禽兽般的自私。

于是，他谢绝了朋友的好意，婉拒了各种条件优越的工作推荐，非常坚定地重复着一句话："我想继续研究气象。"

人生的十字路口，竺可桢显出了自己岁寒松柏的本色。

不久，竺可桢应武昌高等师范学校（武汉大学前身）的聘请，到该校教地理学和气象学。

这是竺可桢教书育人的最初体验。

武昌高等师范学校，是 1913 年在全国成立的 6 所高等师范学校之一。竺可桢在该校既为博物地学部学生主授地理，又为数学物理部学生讲授天文气象课。

社会需要人才，竺可桢恨不得把自己的平生所学悉数教给自己的学生。但他也发现，国内大学的一些教学观点有些拘谨、陈旧，他有意按新的地理学观点组织安排教材，于是，他开始自己动手试编讲义。

当时，他所承担的两门课程的课时并不多，但编写讲义却需费去数倍的精力。

武汉，是长江沿岸有名的"火炉"之一。溽暑盛夏，人热得呼吸都感到困难，每到夜晚，一丝风都没有，空气像凝固了一般。而竺可桢不顾蚊虫的飞扰叮咬，经常挑灯夜战，编写讲义。

除了编写讲义、授课以外，竺可桢还带着学生去大冶参观实习，让学生了解社会，参加实践。平常，他还忙于参加博物学会、数理学会的活动，举行学术演讲。虽然很忙，但竺可桢感到非常充实。

武昌高等师范学校的学生大都来自江西、湖北，对竺可桢那浓重的、节奏急促的浙东口音不太适应。对竺可桢起初的授课，学生们颇有几分隔膜感，而当他们得到竺可桢编写的内容新颖丰富、论述方法精当的讲义时，全都爱不释手。于是，学生们对这位瘦削的年轻教师肃然起敬。

竺可桢的学术水平和治学精神，一时间好评如潮，被学校续聘为专任教员，月薪从200元提高到250元。要知道，在武昌高等师范学校内，这是除外籍教员外，国内专任教员中薪酬最高的。

1919年春夏之交,北京爆发了轰轰烈烈的"五四"爱国运动。北洋军阀政府大批逮捕爱国学生,激起了全国人民的义愤。武昌高等师范学校的学生积极响应,准备与武汉三镇各界人士一起,实行罢工、罢课、罢市。但湖北督军王占元与日本领事馆沆瀣一气,于5月10日宣布戒严。"抽刀断水水更流",武昌高等师范学校的学生们多次表达诉求无果后,义无反顾地走上街头游行示威,表现出不向恶势力低头的勇气和决心。校长张渲为人正派,多次向督军署交涉,要求他们释放被捕的本校学生并承担受伤学生的医疗费用。张渲校长维护学生权益的正义感和爱国情怀得到竺可桢的尊敬。

"五四"运动是一次反帝反封建的新文化运动,促进了马克思主义在中国的传播,同时也是中国由旧民主主义革命变为新民主主义革命的转折点。这一切虽然不是竺可桢当时所能洞察到的,但是他已切切实实地感受到,这个封建根基深厚的国度再也无法禁锢越来越强劲的自由民主之风了。

张渲校长保护爱国学生的正义之举,为湖北督军署所不容,他们随即巧立名目将张渲调走。新校长的行事风格不同于张渲,同时,竺可桢编纂新讲义,选用新的科学观点,使得校内一些保守人士多有不满。而且，竺可桢不足而立之年竟领有最高一档的薪俸，也不免引人嫉妒。这一切都使得竺可桢萌生去意。

　　1920 年，竺可桢去上海与张侠魂结婚。张侠魂是湖南湘乡人，性情贤淑，文章、书法都有不错的功底。婚后，张侠魂成为竺可桢清苦教学生活的贤助和良友。

再执教鞭

辞别武汉，竺可桢顺江而下，来到六朝古都南京。

1920 年秋，竺可桢受南京高等师范学校之聘，再执教鞭，被安排在文史地部讲授气象学，同时负责数理化部的微积分、农艺专修科地质学两门课程的教学。

翌年 9 月，南京高等师范学校扩建为东南大学（后改为中央大学），先成立地理系，但竺可桢认为地理系的范围过于狭窄，可改为地学系，包括地理、气象、地质、矿物 4 个专业，既便于相互补充，也有利于以后的发展。该建议被学校采纳，竺可桢也被任命为地学系系主任。这是一个破天荒的举动，中国高等教育史上有了第一个地学系，同时有了第一个气象专业。竺可桢任系主任后，礼贤下士，积极聘请一些知名学者来任教，教师队伍的实力得到加强，来就读的学生越来越多。由此，东南大学地学系声名鹊起，与北京大学地质系南北辉映，被世人看作是中国培养地学英才的两处摇篮。

为什么要创办地学系？地学系要培养怎样的人才，要达到什么样的目标呢？

竺可桢在 1921 年发表的《吾国地理家之责任》一文中透

露了答案。

竺可桢认为，政治家不可缺少对地理的认识和眼光，否则极可能因其孤陋寡闻或缺少远见而误国误民，酿成大错。

竺可桢列举当时的美国已有头等测候所 200 多个，而中国只有上海徐家汇、香港两处，且是由外国人所掌控的。二者的差距显而易见。

竺可桢还对日本人研究中国地理的书籍众多，远胜于当时中国人对本国地理的研究而感到羞愧难当。

文中，竺可桢借用顾炎武"天下兴亡，匹夫有责"的传世名言，大声疾呼——中国地学家应以"调查全国之地形、气候、人种（类）及动植物、矿产为己任"。显然，竺可桢的初衷是要通过开办地学系，培养出一批以振兴中华为己任的地学工作者。

竺可桢一如在武昌高等师范学校那样，致力于地理新概念的阐述，其中最重要的，是将《地学通论》出版了。"地学通论"是竺可桢主讲、地学系必修、外系选修的一门基础课。竺可桢在武昌高等师范学校编写的讲义的基础上，又做了修改补充，铅印后分发。在讲义绪论中，竺可桢开宗明义地阐述了地理学作为一门科学的新观念。他引用美国学者的话将地理学定义为："地理学者，研究地球上各种物质与人类关系之一种科学也。"这样介绍，对引导学生进行地理科学的认识和地理科学的研究，非常重要。

他在讲授"世界地理"课时，注意随时补充有关气候、矿藏、动植物、人类学方面的许多新资料。在讲到印度的茶叶生产时，竺可桢动情地告诉同学们：

中国是世界茶叶之乡，中华民族的劳动人民是世界上最先认识、种植和制作茶叶的。中国茶叶远销英国，原为中英两国贸易之大宗，18世纪时年销售量就曾达到数千万磅。英国人占领印度后，考察发现印度的气候也适宜种茶，于是派遣植物学家罗伯特·福琼来中国考察，洞悉中国种茶制茶之法后，在印度阿萨姆邦招人种茶，获得成功。此后，他们不断扩大种植面积，兴办制茶工厂。就这样，印度茶叶不仅销往英国，而且广泛销往欧美各国，取代了中国茶叶的地位，使中国茶叶外销每况愈下。

每每讲到这些，竺可桢感慨系之，竟至于唏嘘有声，爱国之情溢于言表。

　　竺可桢从来没有忘记自己的理想与愿望，一心要增强中国科学技术自立于世界民族之林的能力。在担任繁重教学工作的同时，竺可桢继续以满腔热忱从事科学研究和科学知识传播的工作。仅1922年一年间，竺可桢就编写了《地学通论》《气象学》，翻译了马东的《地理学教程》，与人合译了汤姆逊的《科学大纲》等。几年间，竺可桢在国内外科学性、普及性刊物上发表的有关科学和教育的文章，就达60余篇。

　　在气象方面，台风研究是竺可桢钻研学问最早的突破点。在美国哈佛大学完成的博士论文的基础上，竺可桢旁征博引，融入新的研究成果，先后于1924年、1925年完成了《远东台风的新分类》《台风的源地和转向》两文，提出了新的台风分类方法，概括了各类台风的活动特点，指出台风一词应专指那些风速发展在蒲福6级及其以上的热带风暴。这些观点，连同他在美国撰写的《台风中心的若干新事实》中的观点，被人们认为"奠定了20世纪20年代竺可桢对台风研究的权威性"，闻名于当时东亚各国的气象界。

　　搞科学研究，必须勇于创新，这是竺可桢一贯的思想。在此期间，竺可桢坚持以近代科学方法来累积气象观测资料。从筹建东南大学地学系开始，8年间他不停地呼吁成立气象观测台站。东南大学校内气象测候所成立之初，1922—1923 年的逐月气象观测记录，均由他本人按时分析后写出报告，并在《史地学报》上刊出，以利于交流。竺可桢还善于运用古代资料研究历史上的气候变迁。《中国对气象学的若干新贡献》《南宋时代我国气候之揣测》《中国历史上气候之变迁》《中国历史上的旱灾》等论文的连续发表，形成了他在气象学研究上的第一次高潮。

对地理学方面的深入研究，使得竺可桢得以升华对地理新概念的阐释。他于 1922 年发表的《地理对于人生之影响》一文中，除记述外国学者各类观点外，还结合中国实际，阐述了地形、河流、气候、海岸对人生的影响。同一年，竺可桢又提出地理学必须包含自然地理与人生地理，"自然地理可以专论地而不及人，人生地理必须论人地关系。如果专论人而不及地，不能称为地理学。"作为人生地理的研究举例，竺可桢在 1926 年发表的《论江浙两省人口之密度》一文中，指出当时江苏每平方英里 732 人，浙江每平方英里 601 人，在世界上首屈一指，而每平方英里 1000 人以上的地区，浙江有 14 个县，江苏除上海外有 21 个县，实际上"已人满为患"，如不采取措施加以节制，则人民的生活水平很难提高。

在东南大学任教期间，竺可桢十分注重学生自学和研究能力的提高。他指导选习世界地理课程的学生分别从中外报刊中摘录资料，经他审校编印成《地理新资料》，在《史地学报》上刊出，并用以充实教学内容。他指导 6 名学生把美国著名地理学家鲍曼教授的新著《战后新世界》一书及时译出，面世后受到了读者的广泛欢迎。一位学生从美国《天气评论月刊》上试译了美国著名气象学家威列特的论文《雾与航空》，全文长达 5 万余字，送请竺可桢校阅。竺可桢在繁忙的工作中抽出时间，不厌其烦地逐字逐句校阅修改，加以润色，并将其介绍到《科学》杂志上发表。

竺可桢不但重视室内实验，也很重视野外考察。南京附近的雨花台、紫金山、栖霞山、龙潭等地，都是竺可桢经常率地学系学生考察实习之处。竺可桢虽然身材瘦小，但因一直坚持锻炼，所以动作非常灵活，野外考察时，攀缘跳跃，一点不输于年轻人。通过考察岩石性质、地质构造、地形发展、土地利用等现象，再用其与课堂学到的内容互相佐证，学生的观察和分析能力不断增强。考察过程中，竺可桢特别注意采集岩石矿物和古生物的标本，还从国外购买并交换标本。几年过去，地学系的标本室内各类标本就琳琅满目，具备了一定的规模。

　　一天晚上，月朗星稀，微风徐来。竺可桢在学校的广场举行了一个谈天式的演讲会。他从二十八宿、农业生产，一直讲到航海、测量及野外实习。他指着深邃苍穹中那隐约可见的星座，兴致盎然地为学生们讲解。时间已过晚上 10 点，学生们仍无倦意，又提出了很多问题，竺可桢耐心地一一做了回答。待竺可桢回到寝室，已是凌晨 1 点了。

　　尽管竺可桢这时只有三十多岁，但他知道，"芳林新叶催陈叶，流水前波让后波"，中国科学技术的未来，不仅属于他自己，还属于更年轻的一代。

高高的北极阁

北伐战争结束后，应蔡元培、杨杏佛的邀请，竺可桢于1927年冬天来到中央研究院，次年任气象研究所所长。

在哈佛大学苦读了5年气象学，回国10年，抱负难以实现，虽然在1925年秋的中国气象学会青岛年会上就被选为学会的副会长，但没有真正的研究机构，学会也只是无源之水，竺可桢为此常感郁闷。如今，蔡元培先生、杨杏佛先生的聘请，使他得以实现夙愿，竺可桢真的有一种前所未有过的喜悦。

然而竺可桢就职后所面对的中国气象事业，几乎是一张白纸。

中国悠久的古文明中包含丰富的气象学知识。河南安阳殷墟发掘出来的甲骨上记载有"壬申雪，止雨酉昼，己卯雹，乙酉大雨"等。《诗经》中有"上天同云，雨雪雰雰""朝隮于西，崇朝其雨"一类气象观测的文字。但是根据可考的资料来看，通过使用测量气压、气温、湿度等气象仪器进行气象观测的历史，则是乾隆八年（1743年）由外国人在北京开始的。辛亥革命后的10多年间，中央观象台也曾培养过少量测候人员，设立过几个测候所，出版过为数不多的气象书刊，但由于连年军阀混战等影响，这些测候所职员处于饥寒交迫之中，连生活都难以维持，业务上也就更难以发展了。

竺可桢伫立在窗前，久久地注视着墙壁上的中国地图。当时，在沿海和长江一线，虽有少数几个测候所，但都是由外国人控制下的海关所设立的，是为帝国主义在华航行服务的。以上海徐家汇观象台为例，这是在我国境内由外国人设置的、影响最大的、包括气象业务的机构。它创建于1872年，历史悠久，经过多年经营，各方面基础都很雄厚。徐家汇观象台利用法租界的电台，收集各地气象情报并公开广播天气预报和台风警报等，俨然以中国气象中心自居。所有这些，都严重侵犯了我国的主权和利益。

"这样的状况需要改变！"竺可桢推开窗户，任冰冷的寒风吹进屋来。

他重又平静地回到办公桌前，开始着手下一步的工作安排。"我国气象事业半殖民地的痕迹太深了，我们必须走出自己的路！"竺可桢决定要做披荆斩棘的拓荒人。

说干就干！竺可桢很快就聘请了3名职员，商借了一块花园隙地，临时安装了测候仪器，从1928年元旦的0时起，对南京地区进行每小时一次、昼夜连续不断的地面气象观测并进行记录。

就这样，南京地区的气象业务从此正式开始了。

然而，这样下去终非长久之计。竺可桢想到，气象研究所的工作要正规化，必须要找一处永久性的新址。

六朝古都南京，万里长江奔腾于北，宁镇山脉起伏于南，山环水绕，地势险要，是一座名扬天下的古城。然而南京虽大，要想在城内找一块完全符合气象观测要求的地方却并不容易，奔波多日，反复斟酌，竺可桢选中了北极阁。

诸葛亮曾赞誉南京"钟山龙蟠，石城虎踞"。钟山位于南京城的东北，钟山的余脉从太平门附近入城，自东向西形成一连串低矮的山丘。鸡笼山是其中之一。鸡笼山因形似鸡笼而得名，海拔约100米。明朝时山上建有钦天监的观象台，所以也叫钦天山。自清朝初年在山顶重建北极阁后，南京民间就俗称此山为北极阁。北极阁是城市中部的一处制高点。

就地理位置而言，北极阁很理想。北面，可以俯瞰玄武湖的一泓碧水；向南，可以远眺市区的万家灯火。山巅有一处面积甚大的平台，四周没有任何遮拦，基本符合建立气象台的要求。

然而，斗转星移，此时的北极阁已破败不堪了。六朝时刘宋皇帝建造的华林园早已荡然无存，自清朝康熙年间观象台的观测仪器搬迁去北京后，这里就逐渐破败，已经变成杂草丛生、动物出没的荒山了。山顶上尚存的道观只余断壁残垣，四周挂着横七竖八的蜘蛛网，楼梯破损严重，片片朽木在呼啸的寒风中吱吱作响，大家小心翼翼地踩在布满窟窿的地板上，一踩一心惊。

竺可桢将山顶上的每个角落都看了看，对有的地方还做了记录。虽然要做的事情还很多，但他总算为未来的气象台找到一处合适的家了。想到这里，他开心地笑了。

中央研究院气象研究所的成立，北极阁气象台的建立，是中国气象发展史上具有划时代意义的大事。在这座宏伟大厦的建造过程中，竺可桢是一块伟大的奠基石。

让我们看一下他的工作业绩吧:

　　1928 年 2 月,他函请南京市政府把北极阁全归建设气象研究所使用,促使市政府改变在北极阁建自来水厂的拟议。经多次交涉后获得同意。

　　3 月,他邀请工程师上山勘察建筑地点,并与工程技术人员一起,依据山顶的地形、地貌,拟订出具体的建筑计划。

　　为旧道观仅留的一位老道安置了生活,商请有关部门迁走居住在道观内的一批俘房兵。

　　派人购旧城砖数千块,由山下至山顶,砌成数百级阶梯山道。

　　商请修筑一条 1 千米长的碎石盘山公路,使汽车可以直达山顶的停车场。

　　1930 年,他筹款建造了图书馆楼,最下一层作地震仪室,可保持恒温恒湿。

　　1933 年,他在半山安装电动压水机,抽用自来水,解决山顶多年的用水困难问题。

　　建所以后，年年植树，至抗日战争爆发前夕，累计达 10 万株以上。从山下看去，北极阁山上林木繁茂，青翠欲滴，树冠相连，蔚然深秀。

　　万事开头难。繁重的事务，使竺可桢不得不夜以继日地工作。竺可桢更瘦了。但是，他的脸上漾起从未有过的笑容，因为祖国终于有了自己的气象台了。

　　从筹建气象研究所开始，经费问题一直困扰着竺可桢。1931 年"九一八"事变后，政府所拨经费更少且经常拖欠。为了发展国家的气象事业，竺可桢不得不像母亲顾氏当年勤俭持家那样，把一个铜板掰成两半来花。行政和事务的开支，压缩了再压缩，挤出来的钱陆续用来购买国外先进的气象仪器、设备和图书、刊物。短短几年间，气象研究所的各种设备、仪器已经初具规模了，甚至不乏当时世界上某些最先进的仪器。

播种

气象研究所的基建工程大体完成后，竺可桢在北极阁着手安排各项业务的开展。

为了把全部精力都放在气象科学研究和气象台的建设上，1929 年，竺可桢还辞去了中央大学地学系主任的职务。

除继续进行地面气象观测外，他们又先后开拓了高空气象观测、天气预报和气象广播，同时开展了物候、日射、空中电气、微尘以及地震等各项观测业务和研究工作。

经竺可桢多方宣传接洽，1930 年后，气象研究所又陆续在南京、北平（今北京）等地开展了测风气球、探空气球、飞机探测和气象风筝等多项业务。1936 年 3 月 16 日下午，在北极阁施放的探空气球升高达 17714 米，获得了东亚各国第一次进入平流层的气压、气温、湿度气象资料，极其珍贵。

法国人开办的上海徐家汇观象台借口保障外国人航海安全，从 1907 年起，就越俎代庖地发布天气预报和台风警报。在此台主事的法籍神父龙相齐甚至藐视中国雇员说："中国人研究不了地震。"竺可桢决定用事实来反击挑衅者。在气象研究所筹备初期，他就选派了沈孝凰、黄厦千二人去马尼拉气象台，还拜托在马尼拉气象台工作的哈佛大学同学帮助，让沈、黄二人系统学习天气图的绘制和天气预报等技术4个月。经过紧锣密鼓的筹划，从1930年元旦起，气象研究所就正式绘制出东亚气象图，并开始发布天气预报和台风警报，从而开创了我国独立自主地进行领土领海天气预报的新纪元。

竺可桢永远不会忘记这样一件事：1919年11月23日上午，那时他还在武昌高等师范学校任教。上午10时许，他正行走在长江岸边，黄叶匝地，晴空万里，谁也想不到，一场可怕的灾难降临了。风平浪静的江面上，突然间，白浪排空，樯倾楫摧。在突如其来的飓风袭击下，转眼间几十只船就沉没了。他感到恐怖，感到痛心。第二天，他看到报纸上的消息，长江上遭遇飓风袭击的船只还有很多，只不过时间比武汉迟一些而已。

目睹了这样的灾难之后，竺可桢马上就联想到，如果能建立起气象观测站，及时进行天气预报，这场灾难不就完全可以避免吗？

如今，有了自己的气象台，可以自己播发天气预报和台风警报了，决不能让武汉江面的悲剧再出现。竺可桢为此除了要求气象研究所的电台及时发布消息和警报外，还联合多家电台同时向海轮和渔民们播发台风消息和警告。

　　1921 年，竺可桢就撰写过《论我国应多设气象台》一文，1928 年他再次撰写《全国设立气象测候所计划书》，指出气象台站的建立"有裨民生利益与幸福"，并提议"如欲得气象上之精确调查统计，则全国至少须有气象台十所、头等测候所三十所、二等测候所一百五十所、雨量测候所一千处……为报告及管理便利起见，全国应分为十区，每区设气象台一座……期于十年之后完成全部计划"。

　　对于当时的国民党政府来说，竺可桢的建议是不合时宜的。科学家的计划，免不了石沉大海。

　　竺可桢并不气馁。靠政府不行，那么就尽自己的能力去做吧。他一方面从气象研究所微薄的经费和有限的人员中挤出一部分，用来自建测候所；另一方面，他积极宣传并推动各个需要气象资料的有关部门建一些测候所，请各方面协同推进我国气象台站网的建设。

　　根据需要，竺可桢决定在峨眉山和泰山上设立两个高山测候所。

　　峨眉山测候所的海拔在 3000 米以上，气压低，饭不能煮得全熟，副食品供给困难，气候冷湿，人易受病魔侵扰。但测候所人员一直等到观测任务结束后方才撤回。

　　泰山测候所条件较好，在完成世界气象组织商定的观测任务后，竺可桢进一步扩充设备和业务，将其办成我国第一个永久性高山气象台。后来在日观峰另建新气象台时，竺可桢在日记中还记挂此事："知泰山日观峰气象台建筑已竣事，惟油漆因天冻尚未做耳。"为了防止当时的散兵游勇对泰山气象台的骚扰，竺可桢还函请山东省军政当局发出严禁骚扰的布告。

　　拉萨测候所的建立是竺可桢的又一贡献。青藏高原特殊的地理位置和气候条件，使竺可桢早就有在拉萨等地建立测候所的设想，并不懈努力了很多年。后来几经曲折，测候所终于在拉萨建成了。在工作人员的辛苦和努力下，除短暂一段时期内工作因故暂停外，拉萨的气候记录直至1949年从未中断。

　　竺可桢深感中国气象专业人员的缺乏。于是，他一方面接受机关、单位派来从事气象工作的几十名人员，给他们在气象研究所实习、进修的机会，另一方面先后开办了4届气象练习班，将毕业后的学员充实至各气象部门之中。"摩挲数尺沙边柳，待汝成荫系钓舟"。经过竺可桢的培养教导，中国气象人才队伍不断壮大，整体业务水平不断提升。许多参加过培训班的人员，日后都成为我国气象专业的中坚力量。

　　在人们的心目中，竺可桢是气象学的一代宗师，高高的北极阁也就成了名副其实的气象人才的"摇篮"。

经过数年的努力，中国的气象事业体系已经初具规模。竺可桢知道这成果来之不易，帝国主义对这种状况是不甘心的，因此他时刻注意维护祖国的尊严，努力保护中国气象事业的利益不受侵犯。

1937 年，竺可桢去香港出席远东气象会议。竺可桢无法容忍港督和会长两次设宴都将中国席位排在末尾的行为，他感到这是对中国的污辱。于是经商量后，他毅然以不再出席会议进行抵制，并提前返回上海。

从筹办北极阁气象研究所开始，竺可桢仿佛看到中国科学技术进步的几点星火，但他更清醒地认识到："中华民族要得一条生路，唯一方法只有奋斗。"

第四章 | 山长水阔

履新

不管竺可桢怎样不情愿，当局还是坚持要竺可桢去浙江大学任校长。

站在北极阁的山头上，透过树丛，竺可桢看到玄武湖上碧波荡漾。攀缘于古老城墙上的条条藤蔓、杂草随风摇曳，从堞墙中顽强生长出来的几丛迎春花在半空中粲然地怒放。"再见了，玄武湖！"竺可桢想到，不久他就要去看另一个湖——西湖了。

气象研究所的人们恋恋不舍地送别自己的所长。

而浙江大学的师生满怀希望地迎接自己的新校长。尽管人们并不了解他，但都知道他是一位科学家、一位哈佛大学毕业的博士，况且，浙江大学急切地希望有一个当家人。

浙江大学的前身是求是书院，由清末杭州知府林启创办于 1897 年。时值甲午战争之后，一些有识之士鉴于中国科技力量不如西洋、东洋的严酷事实，图强谋变而大兴新学。1902年起改称浙江大学堂，历经几度易名，至 1927 年方建制为大学。

浙江大学的前任校长，秉承国民党的旨意，唯国民党浙江省党部马首是瞻，在浙江大学内对学生采取军事管理制度，依靠军训教官和训育管理人员侦查学生活动，任意处分学生。在郭任远任职的 3 年中，先后被其开除、勒令退学和受到其他处分者竟达百人。一时间，浙江大学内天怨人怒，许多教授纷纷愤而辞职。浙江大学校内外，对郭任远的行为早已嗤之以鼻。

1935 年北平发生"一二·九"学生运动后，浙大学生群起响应，而郭任远却百般压制，并按国民党省党部旨意，招来军警逮捕了 12 位学生代表。

于是，积压在学生心中的怒火终于如同熔岩般奔涌而出了。全体学生发出驱郭宣言，不再承认郭任远为校长，要求教育部另派人接任。

事情越闹越大，国民党当局看到局势已无可挽回，终于同意更换校长。几经遴选，最后，他们确定由竺可桢接任。

去浙江大学任职，竺可桢起初毫无思想准备。

早在 1933 年春节期间，竺可桢、张侠魂去张的五姐家拜年时，就听到过要竺可桢去当上海市市长或中央大学校长的"内部消息"。

竺可桢付之一笑，这怎么可能呢？自己是一介书生，从无从政经历，也无意于仕途，所谓"内部消息"，看来不过是官场上似是而非的联想、自说自话的演绎、捕风捉影的揣测而已。

　　又过了数月，竺可桢获悉，蒋介石确实咨询过他的"文胆"陈布雷，竺可桢担任上海市市长或中央大学校长两个职务中哪一个更合适？陈布雷回答，以竺可桢之才，二者皆可胜任。至此，竺可桢方才意识到一直传说的"内部消息"并非空穴来风。经与张侠魂商议，他决定效法浙江乡贤、东汉严子陵避官隐居富春江畔的做法，以帮助浙江发展测候网之名，携带行囊，躲进舟山群岛的普陀山，看海天寥廓，听潮涨潮落，静静读书做学问。

　　本以为拖上一段时间，此事就可以"躲"过去了，岂料浙江大学学生运动一起，在学生们"要学者，不要党棍"的强势口号下，政府中有不少人都推荐竺可桢这位有相当国际威望的气象学家出任浙江大学校长。最后，国民党的高层也面见了竺可桢，让他做好接手浙大的准备。

　　这真是艰难的抉择！竺可桢犹豫难决。他知道，大学校长事务繁杂，还要与形形色色的官场人物打交道，自己本不谙此道，更因自己在气象学方面的研究渐入佳境，气象台站建设也大有起色。此时中断这项工作，将可能带来严重的后果。但他又考虑到，"郭之失败，乃党部之失败……故此时余若在浙大谋明哲保身主义，则浙大必陷于党部之手……"权衡再三，他思想的天平终于有所倾斜，"若能于浙大有裨益，余亦愿竭全力以赴之也。"

入夜，竺可桢回到珞珈路的寓所。晚餐时，他免不了又和夫人议论起此事。

张侠魂一面为竺可桢夹菜，一面笑盈盈地说："藕舫，依我看，你应该去！"

竺可桢一怔，扬起脸，停止了咀嚼，问："你本来不是也不让我去的吗？"

"是的，"张侠魂把凳子向丈夫身边挪了挪，"但现在我觉得你应该去。"

竺可桢深情地注视着妻子，急切地说："你快说说。"

张侠魂知道丈夫已经倾向于去浙大任职，但还拿不定主意，于是想推动丈夫迈出这关键的一步。

"现在大学教育问题甚多，一些教育者本来风气就不正。你难道看不出浙江省的文化已经衰退了吗？"

竺可桢频频颔首赞许。仿佛是丈夫的鼓励给了张侠魂勇气，张侠魂的声调略略提高了一些："那么，有抱负的正派人更应该站出来担任校长。"

张侠魂的话深深地打动了竺可桢，引起了竺可桢强烈的共鸣。

竺可桢取下眼镜，郑重地点点头，连声说："有道理！有道理！"

竺可桢住宅所在的珞珈路，环境优雅而清静。屋后路上沿街而植的悬铃木，短短几年时间已经树冠蓬勃，每至盛夏时节就会形成一条绿色的"隧道"。距离门前几十米远处，颐和路上成排的枫杨树高大挺拔，初开的花蕊呈丝绦状垂下，随风摇曳，犹如万千淡黄色的流苏款款摆动，美不胜收。

竺可桢非常热爱他的家，热爱这里的一切。然而，好男儿志在四方。他拿定了主意。

竺可桢走到院子中，院子里布满了斑驳的树影，月色似乎比平时更皎洁了几分。

好雨知时节

1936 年 4 月 25 日，竺可桢正式接任浙江大学校长。

行装甫定，竺可桢就在浙大健身房内召集会议，对全校 800 余名学生进行了一小时的讲话。

面对几百双充满希冀的眼睛，竺可桢侃侃而谈。

他的这次就职演讲，共分 3 个部分。

第一部分，是说浙江大学的使命。竺可桢认为：要办好教育事业，必须了解过去的历史和目前的环境。"我们应凭借本国的文化基础，吸收世界文化的精华，才能养成有用的专门人才。同时又必须根据本国的现势，审察世界的潮流，所养成的人才才能合乎今日的需要。"

他指出，浙江是越王勾践卧薪尝胆、雪耻复国的故地，南宋以后，更成为人文荟萃之邦。浙江省有过许多有贡献的学者，如明末的黄梨洲、朱舜水两位先贤。"二位先生留给我们的教训就是一方为学问而努力，一方为民族而奋斗。"

竺可桢强调："今后精研科学，充实国力，大学生固然应负极重大的责任，而尤其重要的是养成一种组织和系统的精神。"他希望浙大学生能够刻苦砥砺，无负于本省过去光荣的地位和今后神圣的使命。

学生们很久没有听到这样极富感染力的讲话了，他们专心地聆听着，每当新校长讲到精彩处，就热情地为新校长鼓掌。

竺可桢平静地挥挥手臂，继续他的讲话。

"第二部分，我想说说办好一所大学的要素。"

接下来，竺可桢说，主要的要素是要聘请一批好教授，要有充分的图书、仪器，以及有一定水平的校舍，其中，尤以教授人才的充实最为紧要。

他说："教授是大学的灵魂，一个大学学风的优劣，全视教授人选为转移。假使大学里有许多教授，以研究学问为毕生事业，以教育后进为无上职责，自然会养成良好的学风，不断地培植出来博学敦行的学者。"

"哗，哗，哗……"暴风雨般的掌声经久不息，因为新校长说出了学生们的心声。

竺可桢列举了中国古时的白鹿书院、鹅湖书院，说它们之所以出名，就是分别有朱熹和陆九渊，国外剑桥大学卡文迪许实验室因有汤姆孙、卢瑟福，哈佛大学因有罗伊斯等而著名，亦为例证。

也许是因为说到哈佛大学，勾起了他对母校的深情回忆，竺可桢越发动情了。

他深知，"要荟萃一群好教授，不是短时期所能办到，必需相当岁月"，但他表示将"竭诚尽力，豁然大公，以礼增聘国内专门的学者，以充实本校的教授"。

竺可桢讲话的第三部分，着重讲学习态度，强调独立思考之重要。

这本是竺可桢的经验之谈，演讲起来更易引人入胜。

竺可桢环视一下这并不太大的健身房，800多人使这有限的空间满是攒动的人头。面对莘莘学子，竺可桢推心置腹地告诉他们："我们受高等教育的人，必须有明辨是非、静观得失、缜密思虑、不肯盲从的习惯，然后在学时方不致害己累人；出而立身处世，方能不负所学。大学所施的教育，本来不是供给传授现成的知识，而重在开辟基本的途径，提示获得知识的方法，并且培养学生研究批判和反省的精神，以期学者有自动求知和不断研究的能力。大学生不应仍如中学生时代之头脑比较简单，或者常赖被动的指示，而必须注意其精神的修养，俾能对于一切事物有精细的观察、慎重的考量、自动的取舍之能力。"

此外，竺可桢还讲到另一个重要问题：设立公费生。他说，勤奋好学的学生倘若因家境贫寒而无从继续学业，那么，不但是一种社会不公平，而且会使国家损失许多可用人才，所以他决定在浙江大学内设立公费生，以资补救。

在当时的大学学生中，家庭富裕者固然不少，但家庭贫困者仍然为数甚多，设立公费生的举措无疑很得人心。

震耳欲聋的掌声、欢呼声，响彻健身房内，穿过窗户，在校园上空回荡。

就这样，竺可桢以这一次演讲开始了在浙江大学长达13年的教学生涯。

竺可桢一直认为自己向来不善言辞，他曾说，若即席演讲，就会因慌张而往往把要说的话忘记。然而这次演讲，竺可桢却非常从容，旁征博引，洋洋洒洒。因为他感到自己并非在"训导"学生，而是在与学生谈心，在进行心灵的沟通。

浙大学生非常佩服新来的校长。他们在将新校长与他前任的比较中看出，竺可桢是那样优雅、礼貌、沉稳、风度翩翩，然而又是那么谦逊，那么诚恳，那么朴实，一副学者本色。通篇讲话绝无一丝一毫无病呻吟的空谈，没有半点颐指气使的腔调，透出的，是正气，讲述的，是道理。

浙大学生的情绪稳定了。竺可桢校长的讲话，迅即在浙大学生中形成一种显而易见的凝聚力。

竺可桢清楚，浙大萎靡的病灶在于之前实行的法西斯军事管理制度。要革新图治，当务之急是废除法西斯军事管理制度。

竺可桢大胆地拿前任执行的"大学军队化"（即法西斯化）的方针开刀。他认为，"学校军事化"之失在于流于军国主义，既不符合我国的古训，也有悖于西方各国大学的精神。他对即将出任训育主任的蒋百谦说，他的前任在浙大失败的重要原因之一，是对学生采取军事管理，让军训教官任意胡为，学生先是敢怒而不敢言，但一旦爆发，局面就不可收拾了。

在召开第一次校务会议时，竺可桢便提出撤销郭任远搞的大权独揽的"军事管理处"和"一年级主任室"（对一年级新生实行集中军事管理），另建立训育委员会，在委员会下分设军训部和训育部使军训和训育分开，都在委员会的领导下工作。处分学生须经训育委员会集体讨论通过，以防止军训教官、训育员个人专断，任意处罚学生。

这一主张经校务会议讨论通过。

浙大学生奔走相告，和煦的春风吹拂着整个浙大校园。然而，人们并不知道，竺可桢这样做是冒着极大的风险的，因为国民党教育当局对此并没有表示明确的同意。由此，浙大逐步走向民主管理的轨道。

时光荏苒，竺可桢来浙大一年了。浙大所在的庆春门内慈湖之畔，距"断桥残雪"不过一箭之地，但竺可桢竟无暇去欣赏西湖的淡妆浓抹。杭州离东关镇不到 100 千米路，竺可桢竟难以抽身去为父母的坟上添一篑新土。

一年时间，竺可桢对教授阵容、教学管理、学系设置等都采取了重要的改革措施，使浙大从动乱不安逐步走上健康发展的轨道。

在学校人事方面，竺可桢正式来浙大任职前，已进行了酝酿和接洽。来浙大后，在延聘原在浙大的诸如苏步青、陈建功、贝时璋、黄翼、蔡堡、周厚复等教授外，又礼贤下士，请来了胡刚复、李寿恒、王淦昌、梅光迪、卢守耕等教授到浙大工作。1936 年下学期开学时，新聘的教授、讲师就达 30 多人。

在用人上，竺可桢继承并发扬了老朋友蔡元培的传统，不论是留美、留欧，或是留日的，也不论是南方还是北方的，唯真才实学、处事公正者是用。

在教学改革方面，竺可桢认为，大学教育应为学生开辟治学的基本途径，一年级学生应着重打好宽厚结实的基础，不宜过早分系设课，并应由有学问、有经验的教师教好一年级的基础课。中外历史、中外地理、国文等课程对大学生而言也是基础，应当加强。

校务会议通过了竺可桢的建议，成立了公共科目课程分配委员会，开始实施这一改革。

接任校长伊始，竺可桢就为学校有足够的图书仪器和一定水平的校舍建筑，多次向上交涉，争取经费。然而1936年的经费如前，1937年也只是略有增加。对于迁走浙大附近的军械局以增扩浙大校舍的设想，国民党高层也只是开了一张空头支票，一直拖到抗战胜利后方才兑现。

1936年秋，学校转入正常后，竺可桢十分注重学生的思想品德教育。他要求学生必须有"清醒的头脑"，就是说要有"科学的方法、公正的态度、果断的决心"。竺可桢指出，倘若大家都以享福为人生的最大目的，可能招致民族灭亡。他说："现在世界是竞争的世界，如果一个民族还是一味以享受为目的，不肯以服务为目的，必归失败。"

竺可桢只身来杭，平时就住在学校里。起初，学校食堂办得不好，经常发生问题。竺可桢就派得力的人去管理食堂。自己每天中午也与学生一样，到食堂就餐。食堂的厨师和管理人员，见校长来食堂吃饭，都十分感动。学生见校长与他们同甘共苦，也很高兴。

竺可桢真诚待人的作风，在浙江大学内有口皆碑。

竺可桢身处西子湖畔，心中还牵挂着玄武湖畔。他因仍兼任中央研究院气象研究所所长，常常要奔波于南京与杭州之间，在短短 1 年半的时间里，共往返有 19 次之多。

车辚辚

1937 年 7 月 7 日，日本帝国主义在北平郊外宛平县城制造了"卢沟桥事变"，悍然发动了全面侵华战争。

战火逐渐扩大：7 月 29 日，北平失守；7 月 30 日，天津失守；8 月初，日军以 30 万兵力，向华北腹地疯狂进攻……

坏消息一天天传来。

未来向何处去？杭州怎么办？浙江大学怎么办？一切的一切，都如同雾幛下的西湖，迷蒙一片。

本来，竺可桢多次提醒当局，他答应来浙大主事 1 年的期限已到，希望能放他回气象研究所从事科研工作。但局势的发展出人意料。事到如今，竺可桢感到，在此国难当头之际，必须与浙大师生患难与共，力保浙大的存在，并谋求在战争的罅隙中减少损失、有所发展，留下来是义不容辞的责任。自此以后，竺可桢再未提出去职一事。

全国抗日救亡运动不断高涨，浙大学生迅即投入滚滚的抗日洪流中。学生自治会发起给前方将士捐献棉背心的活动，竺可桢马上命令拨给 2 间房子作为缝制工厂，带头捐钱作为制作费，并常和夫人到缝制现场鼓励大家。夫人张侠魂更多次到现场指导。后来学生会又发起捐献活动，竺可桢夫妇首先捐献了他们的结婚戒指。

"八一三"事变以后，局势越来越严重，敌机频繁来杭州空袭。一有空袭，学校则不得不停课，让学生疏散躲避。空气里弥漫着紧张的气氛，已有不少人开始准备逃离杭州。

作为一校之长，竺可桢忙碌着，筹划着，双颊明显消瘦。

他想到把浙大迁到一个比较僻静的地方，以防御空袭，减少学校、师生生命财产的损失。

经考察，竺可桢决定把一年级搬往天目山里的禅源寺，把附设的高工、高农两校搬往萧山县的湘湖。后因教育部决定省立学校一律疏散，高工、高农失去了经费来源，开办不下去，竺可桢只好挥泪和这些学子道别了。

禅源寺地处深山，篁竹繁茂，树木参天，远离城市的喧嚣，环境非常幽静。一年级新生于9月份在此开学了。

伴随着敌机隐隐的轰炸声，竺可桢于10月24日晚来到禅源寺。他仔细巡视了学生的自修室、寝室，于翌日在寺庙有缘堂膳厅为一年级新生作了题为《大学生之责任》的演讲。他说："禅源寺位处我国东南有名的大丛林，西天目山参天夹道的柳杉，更是中国各地所少见。在这种心旷神怡的环境之下，我们应该树立一个优良的学术空气，中国向来的高等教育，除了太学和国子监以外就要算书院。有宋一代，书院之制更是盛行一时，如白鹿、岳麓、应天、石鼓、东林，其尤著者。书院制的特点就在熏陶学生品格。我们只要看朱晦庵、陆九渊或是王阳明的遗书，就可以知道当时师生中切磋砥砺的情况。自从我国创设学校以来已逾三十年。这三十年当中，在设备和师资方面不能不算有进步，但是有个最大的缺点，就是学校没有顾到学生品格的修养。其上焉者，教师传授他们的学问即算了事；下焉者则以授课为营业，在这种制度下，决不能造成优良的教育。"

膳厅内寂静无声，而寺外大树上几只喜鹊叽叽喳喳的叫唤声却不停地传进膳厅来。喜鹊叫累了，在空中飞了一圈，停在另外的树上，继续叫着。

会场内，竺可桢继续着他的演讲。他介绍了实行导师制的优点。他说："对于这个问题我可以简单回答，我们实行导师制是为了要每个大学生明确他们的责任……国家为什么要花这么多钱来培植大学生？为的是希望诸位将来能做社会上各行业的领袖。在这国难严重的时候，我们更希望有百折不挠、坚强勇敢的大学生来领导民众，做社会的砥柱。"

在当天的日记中，竺可桢还余兴未尽地记载："此间导师制度实习以来尚称顺手，学生既觉有一师长时可问询，而老师亦有数青年为友不致寂寞。天目山实为导师制之理想地点。"

竺可桢在天目山禅源寺的讲话，宣告了浙大试行导师制的开始。后来，竺可桢请同样热情主张这一制度并深有研究的费巩教授对这一制度加以总结，其优点有3条：

第一，使教授不仅负责对学生传授知识，而且负责思想品德教育，起到活泼深刻的陶冶作用；

第二，在课堂教学外质疑辩难，有利启发深入；

第三，改变师生间单纯授与受、"卖"与"买"的关系，成为彼此拥有深厚情谊的关系。

在轰轰的炮声中，竺可桢仍孜孜不倦地推行导师制，在教育史上留下了一段佳话。

后来，学校经反复思考，又于11月中旬把二、三、四年级迁往建德。

建德在杭州西南。1937年，浙大师生先后从11月11日至13日，用3天时间，分3批离杭。为防御敌机空袭，全在夜间登船，溯富春江西行。富春江两岸山峰连绵，环抱屏峙，风光旖旎。可是在这黑黝黝的夜晚，师生们只能从黯淡的星光中依稀辨认两岸山峰的轮廓了。夜行的船舶，惊起江边芦苇丛中栖息的水鸟，它们飞在夜空中茫然地哀叫着，让逃难中的师生心头平添了几多压抑和悲凉。

竺可桢像一位指挥若定的将军，安排得井井有条，眼见着运送全校最后一批师生员工的船只驶离了，他才最后一个离开了学校。他先行乘车抵达建德后，就前往码头接船。时间一秒一秒地过去，本应抵达的船只一直未见踪影，竺可桢心急如焚。原来最后一批船只因行李太重，开行较慢，又遇雾阻，耽搁了时辰，整整迟了一天，方才到达建德。直到小火轮慢慢地泊近岸边，竺可桢一颗悬着的心才终于放了下来。

浙大学生于 15 日全部到达，稍事休整，19 日即复课。由此大家不能不叹服竺可桢安排之周到、组织之有序了。

战局进一步恶化。在浙大搬往建德的几天前，上海沦陷，日寇已经步步逼近。像天目山、建德等地，用来避开敌人空袭尚可做到，要想在敌人推进时得以保全，那是绝不可能的。浙大师生是中华民族的宝贵薪火，是中国稀缺的各类优秀人才，决不能让他们落在侵略者手中惨遭杀戮和奴役。为此，竺可桢考虑再度迁校。

浙大二迁的目的地是江西泰和。

南京失守，杭州危急。12 月 24 日，浙大开始紧急搬迁。

然而，再度搬迁，谈何容易。

仿佛只身陷入狼群一样，千钧一发之际，要想活命，要想生存，必须要有抗争的勇气、格斗的技能、危途巉岩脚下踩的气概。竺可桢不停地鼓励着自己。

敌机骚扰，难民如潮，船只难雇，汽车难找。竺可桢当机立断，让大队人马先坐船溯江至浙西的常山，再改乘汽车到几十千米外的江西玉山。为了联系车皮，竺可桢一连在玉山停留了 11 天，天天奔波，日日忙碌，托关系，求人情。一直等到人员、物资的运输基本上都有了着落之后，他才拖着疲惫的身躯，急如星火地赶往下一站南昌。

历尽千辛万苦，浙大师生、员工来到他们的目的地泰和。

兵荒马乱之中，竺可桢选择这座赣江北岸的小县作为浙大的落脚点，不仅因为泰和地处江西中部偏南，距离战场相对较远，更重要的，是他这个浙大的当家人，要筹划全校的"柴米油盐"。浙大经费不足，泰和是滨江小城，物价低，货源多，生活容易，师生们都还感到能够对付着过。

搬迁，免不了会造成学时上、物质上的损失。但由于抓紧补课和认真教学，损失并不大，浙大的教学秩序和质量仍一如在杭州庆春门本部时。当时，教育部曾派员巡视过西迁的各所大学，公认浙大的教学秩序及教学质量坚持得最好。

这么多人涌到泰和县郊的上田村，无疑会扰乱当地人宁静的生活。竺可桢决意为地方兴办一些公益事业作为补偿。

一是修筑防洪堤。上田村过去常因赣江洪水而受淹。竺可桢遂与有关方面商量，由地方出钱，浙大负责水位、堤基测量，土方涵洞、水闸的设计和计算等全部技术工作，历时两个月，修筑了一条长 7.5 千米的防洪堤。从此，上田村再无水灾。

二是兴办沙村垦殖场。经江西省政府批准，他们在沙村一带选 600 亩地兴办垦殖场，招垦民百余人从业。浙大离开后又将其移交江西省有关部门。

三是兴办澄江学校。因见当地小学师资缺乏、设备不良，竺可桢让浙大与地方合办一所学校，取名澄江学校。

这期间，竺可桢还曾辗转去香港参加蔡元培先生主持的中央研究院会议，讨论抗战期间研究院的工作方针与方法。

正当竺可桢为国事、校事殚精竭虑时，一桩家事如同晴天霹雳击中了竺可桢。夫人张侠魂和二子竺衡染上痢疾，在泰和不治身亡。想起与张侠魂共同生活的十数年的往事，竺可桢不禁黯然神伤。

张侠魂是一位家学渊博的知识女性，贤淑、端庄、顾大局、懂事理。她就像高山上的湖泊一样，宁谧、安详、明澈、清幽，隐于高山，与世无争。每当竺可桢遇到烦恼忧愁时，她的劝慰和开导，马上就能像山泉一样沁入竺可桢的心田，给他以力量和鼓舞。如今，这山泉干涸了，断流了，永远地消失了……

走在窄窄的阡陌上，回望着原野上用红土堆起的新坟，竺可桢不由得又泪眼模糊起来。

| 路漫漫

收拾好悲伤的心情，竺可桢沿着那条熟悉的弯曲小道，从
"有间轩"的家中前往大原书院，浙大总办公处就借用在那里。
他没有兴致像往常那样观赏路旁的青枝绿叶，平时走 10 分钟
的路程，近几天竟要多花费一倍的时间，蹒跚的脚步踩得道上
的碎石沙沙作响。

他焦急地等待着胡刚复的消息。

国民党军队节节败退，浙赣线告急，六、七月间，日本侵
略军先后攻占安庆、马当、彭泽、湖口等沿江要塞，逐步向鄱
阳湖东岸集结，很显然，泰和已不是安全之所在了。

受竺可桢委托，理工学院院长胡刚复教授等人多日前已去
广西踏勘。

终于，胡刚复来电：可去宜山。

竺可桢急切地展开地图，筹划着学校三迁宜山的人员安排
和路线选择。

一路西迁，总是会遇到两个问题，一是迁往何处去，二是
搬迁费用哪里来。国难当头，抗日为第一大事，政府拨款难以
正常到位，浙大的支出早已捉襟见肘。迁校工作既要以安全为

上，又要以节约为本。

竺可桢具体地布置迁校线路：大量的图书、仪器、大件行李包括那架全校唯一的钢琴走水路，先沿赣江而下，至广东三水转入西江，溯流而上去广西宜山；其余由湖南陆路前往。由于水运价廉，可以省下不少费用。竺可桢关心全体迁校人员，区别情况给予相应的路途津贴补助，还对各批次出发人员、出发日期逐一做出周到安排。由于路途遥远，竺可桢安排在一些重要的地区都设立了运输接待站。

家事再大，终是小事。国事再小，也是大事。竺可桢带领全校师生水陆并进，继续南行。

9月25日，竺可桢带领浙大师生到达广西宜山。

宜山在广西中北部，柳州以西约80千米处，当时被称为广西八大城市之一。此前，已有很多东部城市的单位迁来宜山，浙大是其中比较大的单位之一。

1938年11月1日，浙江大学在三迁宜山后正式开学。

竺可桢在暂定为浙大本部的标营大草棚餐厅里举行的开学典礼上，作了题为"王阳明先生与大学生的典范"的演讲。

经过长时间的劳顿，尤其是经历了丧妻失子的煎熬，竺可桢早已心力交瘁，但当他的目光扫视到千百位师生信赖的眼睛时，他那憔悴的面颊又顿时浮上了坚毅的神色。

竺可桢先简述了王阳明的生平。联系到浙大曾经暂驻过的吉安和现住地宜山，竺可桢说浙大正走着王阳明先生当年走过的路。王阳明一生历尽磨难而终成大业和大学问，这又和当前抗日战争期间需要大家有承受恶劣环境而不屈的精神相似，所以王阳明正好是大家学习的榜样。

最后他说："这里只举王阳明先生一人之居常、处变、立身报国的精神，已足够使我们感奋，而且受用不尽了。"

随后不久，浙江大学校务会议根据竺可桢的提议，决定立"求是"为浙大校训。

什么是"求是"？竺可桢在后来的一次演讲中阐述说，"求是"就是"排万难冒百死以求真知"。"求是"最好的例子就是科学史上布鲁诺、伽利略、开普勒、牛顿、达尔文、赫胥黎等人的作为。

他说，现在欧美显得先进，其实迄16世纪为止，欧美文明还远不如中国。由于有这些先贤的"求是"之心，他们凭自己的良心，"甘冒不韪"；有的虽因求真知被烧死，有的被囚禁，有的被诟骂，有的穷困一生，但是不变其初衷，终于使真理得以大明，然后科学才能进步，工业才能发达，欧美才得先进。

至于如何才能做到"求是"呢？竺可桢说，最好的途径就是《中庸》上说的"博学之，审问之，慎思之，明辨之，笃行之"。

他希望学生们学成以后能在各界服务，把中国建设成为强国。要做将来各界的领袖，光学一点知识是不够的，还必须有"清醒而富有理智的头脑，明辨是非而不徇利害的气概，深思远虑、不肯盲从的习惯"。

本着这种"求是"的精神，1938—1939年，在2年动荡岁月里，浙大不仅教学正常，而且规模还稍有扩大，在校学生数由1938年的700余人增加至1000余人。竺可桢还延聘了柳治征、佘坤珊、郦承铨、丰子恺、蔡邦华等著名教授或学者来浙大任教。虽是战争期间，浙大的教师队伍竟让同行们看起来有点儿"星光灿烂"的感觉了。这一切都归功于竺可桢治校有方。

这期间浙大还为抗日前线做了不少慰劳、捐献、义卖工作。竺可桢还要为气象研究所和浙大的事四处奔波，两头劳心。但当有人两次劝他加入国民党时，都被他婉言推脱了。

宜山城内无电，师生上课无桌椅，食宿都在茅草房中，很多人还染上了当地流行的恶性疟疾，条件之艰难，难以尽言。

宜山的条件固然艰苦，但浙大师生们还是想在这里得到短暂的安宁，从而让疲惫的身体得到少许的休憩，然而，在战乱时代，这只能是奢望。2月5日，日寇有18架飞机突然飞来宜山，在浙大所在的标营上空盘旋一阵后，投弹118枚。顿时，火光冲天，浓烟弥漫。敌机炸毁标营浙大宿舍8间、大礼堂1座、教室3座14间，办公室、体育室、阅报室等都被烧毁，从杭州一路带出来的那架唯一的钢琴也被炸烂，有120多位学生的衣被全都被烧为灰烬。

望着敌机轰炸后的断壁残垣，竺可桢和师生们更增添了对日本法西斯切齿的痛恨。

1939年11月15日，日本军队在北海龙门港登陆，很快占领防城、钦州和南宁，广西的形势骤然紧张起来。

敌人长驱直入，完全是因为国民党当局贻误战机，御敌无策。愤慨之余，竺可桢一再吟哦他的前辈同乡陆游叹邓艾亡蜀的诗句：

> 阴平穷寇非难御，
> 如此江山坐付人！

借古人的诗句，竺可桢浇自己的块垒。

宜山随时可能沦陷，迁校已箭在弦上。11月底，竺可桢

拍板做出第四次迁校的决定。12月初，学校开始向贵州搬迁。

在颠沛流离的日子里，还有一件事情值得在历史上大书特书，那就是协助搬运文澜阁《四库全书》。

《四库全书》，是从清乾隆三十七年（1772年）开始纂修的，经10年时间方才编竣。共收书3503种，79337卷，分经、史、子、集4部，故名"四库"。该丛书内容极为广泛，它的编纂成功，在一定程度上起到了保存和整理文献的作用。全书缮写7部，分藏于北京故宫文渊、北京圆明园文源、热河（今承德）避暑山庄文津、镇江文宗、扬州文汇、奉天（今沈阳）文溯、杭州文澜七阁。其中3部都已被毁，原在热河、奉天的2部在抗战后已陷敌手。余下的2部中，在北京故宫的文渊阁1部已迁至四川。原在杭州的文澜阁1部计36000多册，在淞沪抗战前由浙江图书馆装成218箱运到富阳县乡下存放。

随着日军步步进逼，为了古籍的安全，浙江图书馆准备把它再运走，但浙江省政府无意西运，不拨给一分钱经费，使工作人员面临很大困难。

竺可桢得知此事，心急如焚，国之瑰宝焉能轻易落入敌手？！竺可桢决定调浙大的校车帮忙把古籍运往建德。

要知道，当时浙大总共只有3辆卡车，学校的图书和仪器设备早已堆积如山，等待启运。民族利益高于一切，竺可桢毫不犹豫地派出浙大的车辆。

后来，文澜阁《四库全书》又被从建德运到了浙南龙泉的乡下。

但竺可桢感到浙南仍非安全之地。所以他到江西吉安不久，即于1938年的1月22日又发电报给教育部，建议将文澜阁《四库全书》继续西迁，并表示浙大一定鼎力协助。

经教育部同意，竺可桢派史地系讲师李絜非会同图书馆职员一路风餐露宿，将书安全装运至贵阳西门外张家祠堂，后来又转到地母洞存放。

此后，竺可桢每年夏天都派浙大教师前去协助翻晒，并商请当时的贵州省主席帮助保护。

抗战胜利后的第二年，文澜阁《四库全书》在辗转数省、历经数年后，又安然无损地回到了杭州。

竺可桢为保护国宝立下了大功。

第五章 ｜ 风雨大西南

漂泊休止符

一路风尘之后，浙江大学终于在黔北安顿了下来。

乍到贵州，竺可桢很不适应这里的天气。天总是阴的，雨丝不断，果真如人们所说的那样，"天无三日晴，地无三尺平"，而此时，竺可桢更是心无三日宁。

迁校之前，竺可桢已经带人来考察过，到处寻觅，竟难有一处较大的场所可容纳整个浙大，没办法，只好化整为零，分三处办学。

校本部和文学院、工学院、师范学院文科各系住在遵义。

理学院、农学院、师范学院理科各系先在遵义，稍后迁往湄潭。

一年级全部集中在永兴。因永兴教舍尚须修缮增建，先安排在贵阳南约 30 千米处的青岩古镇上课，一年后搬到永兴。

竺可桢走马灯似的奔波于三地之间。

遵义是黔北重镇，湘江河从城边蜿蜒南去，城内街巷井然，店肆密集，经济、文化都还算发达，是理想的栖身之地。湄潭县在湘江支流湄江的谷地，江水澄碧，白帆点点，各类物产不少，风景较为优美。永兴在湄潭县城东北约 28 千米处，人口稠密，交通也还差强人意。

视察归来，竺可桢还是满意的。

抗战期间，从沿海迁往内地的大学很多，但像浙大这样，一迁建德，二迁泰和，三迁宜山，四迁遵义的，却几乎没有。

华北之大，早已放不下一张课桌。

华东之大，同样放不下一张课桌。

如今，竺可桢终于可以在这山高路险的黔北之一隅，为他的学生们放下一张平静的课桌了。

为了放下这张书桌，竺可桢可谓呕心沥血，殚精竭虑。不妨看看他日记的记录：

1940年1月13日记："六点至贵阳……席间与（陈）立夫谈迁校问题……"

1940年1月14日记："九点半抵青岩，即至真武宫，为乡村师范原址，内有办公室三数间，教室六十人者二，四十、三十人亦各二……与剑修谈青岩之屋勉可容一年级……"

1940年1月16日记："为迁移事，部中于救济费项下可拨六万元。余谓此数只作救济学生教员迁移之用，于搬运仪器则毫无补益也……余请吴鼎昌主席能于短期内完成遵义湄潭公路……因今日余等未有中膳，故中、晚膳合而为一也。"

1940 年 1 月 18 日记："梧村未通公路，须至离遵义二十里之桑木垭下车，步行九里方至其处……参观新民小学、华氏新宅与老宅、川主庙、万寿宫与刘祠六处……但团溪因交通、粮食与房屋关系，尚可作一大学校舍，比遵义为胜。"

这些文字断断续续地记下了竺可桢的行踪，也记下了一颗无私的心在苦难岁月中的历程。

竺可桢俨然是一头疲惫的牛，背着沉重的轭，绷足全身的劲，低着头，拼命地拉着浙江大学这辆笨重的车，艰难地上坡。

在黔北的岁月是相对安定的，在黔北的岁月又是分外艰苦的。

这 6 年半中，前 5 年半正处在抗日战争的中后期。特别是浙大始迁黔北的 1940 年后，抗日战争进入了战略相持阶段。长期抗战，加上国民党统治的腐败，大西南物资更加匮乏，浙大经费日渐支绌，师生生活日益艰难。

低温潮湿，水土不服，使得大多来自长江三角洲地区的浙大师生纷纷染病。因当地医疗条件不完备，贫病交加的状况越发严重，一位年仅 30 多岁的年轻教授因病不治身亡，竺可桢自己也曾几次发高烧、拉肚子，靠着年轻时锻炼形成的健康体质，才没有酿成更严重的后果。

民以食为天，最令竺可桢感到棘手的，是如何让师生们摆脱生活上的困境。物价飞涨与物资短缺，两柄剑齐齐地横亘在师生们的面前。陈建功教授家庭人口多，为了度日，他只好把好一点的衣服都典当出去，用以买米，甚至用自己珍藏的名著去顶债，囊中羞涩可见一斑。苏步青教授一家节衣缩食，常以菜梗、番薯蘸盐充饥，后来不得不在自己居住的破庙前开荒种菜以自救。王淦昌教授的夫人自己养鸡养羊，每天挤点羊奶供王淦昌和患营养不良的小女儿补充一点能量。卢鹤绂教授从美国回国，应竺可桢之邀来湄潭任教，生活非常艰苦，住在破旧的小阁楼上，每天只能给孩子吃一点白薯，要去很远的地方才能偶尔给孩子买来一点牛肉吃。更多的学生们吃的是糙米，有时只能用盐水泡饭，聊以果腹。

竺可桢作为校长，与大家同艰苦共患难，没有半点特殊，总是千方百计地设法解决师生们的柴米油盐问题。

虽然竺可桢的第二任妻子陈汲很能勤俭持家，但一大家人的柴米油盐费用不是一个小数字，竺可桢家几乎月月亏空。竺可桢早餐时也只吃一碗稀饭和一小碟盐水蚕豆，家中平时难见荤腥。为了贴补家用，竺可桢不惜把平时很不舍得穿的一件皮衣也变卖换钱了。当家才知柴米贵，竺可桢在日记中无可奈何地记述道，"余尚如此，余人可知"。

黔北交通不便，学校在三地办学，为此，学校给竺可桢专配了小汽车。但竺可桢为了给浙大节省开支，很少坐小汽车，近程安步当车，远道公出常坐长途公共汽车。为了给公家节省烤火费，他冬天在办公室里也不生炭盆，宁可在寒冷中办公，弄得双脚生冻疮以至化脓流血。由于物价有时一日飞涨数次，同其他人一样，竺可桢每次领到薪金后都急于买米，以致家中米虫爬满屋子。有一年大年三十，全家也只好吃霉米。

竺可桢多次向政府呼救，要求增援经费。一次在重庆他还当面向蒋介石陈情，告知"教职工都入不敷出，无法维持生活，学校活动经费也十分困难"的状况，但被国民党高层搪塞了过去。

黔北之地群山环抱，雾气弥漫，重峦叠嶂遮住了远方的天际线，但浙大的师生们从竺可桢身上感受到了力量，在清贫中看到了希望。大家相信，一切都会过去的，当山谷里的浓雾消退以后，阳光一定会照耀过来的。

｜"东方剑桥"之誉

春雨落了下来，遵义城中的桃花盛开得像云霞般灿烂。

秋风响了起来，湄潭山上的树叶被染得五彩斑斓。

春雨又落了，秋风又响了，1年、2年……就这样，6年过去了。

没有了在杭州时的重楼飞阁窗明几净，只能栖身在简陋的民房里，或是修葺后的庙宇道观中。有些破旧的教室四面透风，屋顶漏雨，光线昏暗，拥挤不堪。从教室到宿舍，路途较远，遇上下雨天，一片泥泞。没有电灯，没有自来水，甚至连上课时的桌椅也很短缺。做作业，用的是自制的土墨水。上课用的讲义，是用当地的土纸张油印的。更因为物价飞涨、物资奇缺，师生们始终处于半饥半饱的状态之中，所有这一切，都让人感到要在这如此艰苦的环境中办好大学，真有点儿"难于上青天"的绝望感。

可是，竺可桢不这样想。

遵义一带山峰耸峙，溪涧密布，地方偏僻，不在军事要冲上，相对安全，也相对安静，哪里还有比这更宝贵的学习环境呢？

竺可桢决定，学校取消寒暑假，以弥补频繁迁校过程中失去的学时。教师们要多备课，多写教材。仪器不够，就分工实验。白天来不及，就晚上做实验。缺少实验设备，就自己动手制作。

一时间，为抗日救国而学在遵义、湄潭、永兴三地蔚然成风。

"穷且益坚，不坠青云之志"。虽是国难当头，竺可桢却一心要在这异地他乡，把"浙江大学"这块牌子打得更响。

据后来统计，在黔北的 6 年多时间里，浙江大学在极端困难的条件下有了较大的发展。

看一看以下的数据：

1936 年，浙江大学在抗战西迁前，有文理、工、农 3 个学院 16 个系，有教授、副教授 70 位，学生 512 名。

1946 年，浙江大学迁回杭州时，已发展为文、理、工、农、师范、法、医 7 个学院 27 个系，有教授、副教授 201 位，学生 2171 名。此外，还曾增设 1 个浙东分校、2 个大学先修班、1 个附属中学。

　　更重要的是，在这困难的时代，浙江大学在教学质量和科学研究方面都有很大的进步。浙江大学数学系和生物系已在全国有很高的声誉，其他如物理系、化工系、化学系、史地系和电机工程系也都很有名。浙大学生在各类竞赛和公费留学生选拔中也常常能名列前茅。浙大的教授在科研成果评奖中的得奖名额和在中央研究院担任评议员名额也处于各大学前列。浙大教授王淦昌、贝时璋、罗宗洛、蔡邦华、苏步青、陈建功、张萌麟等在各自的研究领域，都达到了相当高的水准。

　　竺可桢在大学教育的目的上有明确的主张。他一再表明，"大学教育的目的，决不仅是造就多少专家如工程师、医生之类"，而主要是培养"公忠坚毅，能担当大任、主持风会、转移国运的领导人才"，即各界的"领袖分子"。

　　自1938年底，竺可桢立"求是"为浙大校训后，每有时机，他便要阐述和完善、充实"求是"的精神内容。在遵义的一次演讲中，竺可桢说："近代科学的目标是什么？就是探求真理。科学方法可以随时随地而改变。这科学目标：蕲求真理也就是科学的精神，是永远不改变的。""据吾人的思想，科学家应取的态度应该是：一、不盲从，不附和，一以理智为依归；如遇横逆之境遇，不屈不挠，不畏强暴；只问是非，不计利害；

二、虚怀若谷，不武断，不蛮横；三、专心一致，实事求是；不作无病之呻吟，严谨整饬，毫不苟且……"

　　为此，他断言："凡是有真知灼见的人，无论社会如何腐化，政治如何不良，他必独行其是。惟有求真理心切，才能成为大仁大勇，肯为真理而牺牲身家性命。""许多人之所以盲从、自私、贪污、卑鄙，只是未能彻底明白事理。"

　　竺可桢一如初任浙江大学校长时那样，不遗余力地延聘一批有真才实学的学者来执教。在他的努力下和感召下，连同他到任前已在浙大任教的，浙大在黔北时已经拥有一大批有真才实学的教授。

　　竺可桢经常说："教授是大学的灵魂，一个大学学风的优劣，全视教授人选为转移。假使大学里有许多教授以研究学问为毕生事业，以教育后进为无上职责，自然会养成良好的学风，不断地培植出博学敦行的学者。""有了博学的教授，不但是学校的佳誉，也是国家的光荣。"

　　当时，浙大教授的待遇比国民党政府直接管辖的某些大学要低些，加上浙大地处黔北的偏僻之处，附近更无通衢大邑。但许多当年声望很高及日后声望渐高的教授甘愿住在小县城、小山村。虽然条件艰苦，但大家仍然处之泰然。这其中的一个重要原因就是，竺可桢与大家同甘共苦、热心教育、公正办学、作风民主，学校的学术氛围非常浓厚，许多人感到自己在浙大有用武之地，能从培育人才和科学研究中得到授业的乐趣和精神的慰藉。

竺可桢一贯主张民主办校，民主办校的重要环节就是教授治校、民主办学。在当时的历史条件下，这是很有积极意义的。在浙大，学校行政的最高权力机构为校务会议，以校长、各院院长、教务长、总务长、训导长为当然委员，又从教授中选代表20余人及一年级主任等共30余人组成，每年选一次。学校一切重大事宜皆由校务会议民主讨论决定。有时，还有学生代表参加。学校还设有很多专门委员会，分管各项事宜。凡属学校的重大事宜，竺可桢从不个人说了算，都要听听教授们和学生代表的意见。

1944年4月的一天，遵义来了几位金发碧眼的外国人。这在闭塞的小山城，在浙大校内引起了不小的轰动。要知道，在遵义，在浙大学生中，很多人是生平第一次见到外国人。

英国剑桥大学的生化专业副教授约瑟夫·尼达姆博士一行被英国文化协会派遣来中国，此行主要是考察中国高等教育之现状。这是一位对中国人民非常友好的国际友人，他为自己

求是精神

取了一个中西合璧的名字——李约瑟。

　　匆匆与竺可桢校长会面后，李约瑟夫妇及助手在秋季又专程在遵义、湄潭进行了较长时间的深入考察。竺可桢陪同李约瑟夫妇参观了遵义。

　　李约瑟震惊了！

　　他感慨在如此困难的条件下，在这大山深处，浙江大学如骏马往来驰骋，如雄鹰自由翱翔。学校管理有序，学术氛围浓厚，科学成果众多，科研水准一流。

　　李约瑟从心底里赞扬浙江大学取得的成就，他撰文说："在重庆与贵阳之间一个叫遵义的小城市里，可以找到浙江大学，是中国最好的 4 所大学之一。"他在回到欧洲后，更是多次在不同的场合，称中国的西南联大、浙江大学可与西方最著名的牛津大学、剑桥大学、哈佛大学相媲美。此后，浙江大学被誉为"东方剑桥"。

深沉的韧性

有人说，像竺可桢这样的人，就是为科学而生的。

事实正是这样。

在竺可桢看来，科学是他生命的重要组成部分，是他的兴趣和理想所在。没有科学，没有科学研究，世界就会变得索然无味，活着本身也会失去意义，更谈不上流光溢彩了。

国民党当局当年让他出任浙江大学校长，他推辞过，犹豫过，就是因为他舍不下刚刚创办不久的气象研究所。后来，他之所以勉为其难地去浙大赴任，也是因为当局同意以任职 1 年为限，并让其兼任气象所的职位。

时局的变化太出乎竺可桢的预料了。侵略者横行肆虐，浙大几次迁徙，车辚辚、马萧萧，山重重、水迢迢，浙江大学和他本人，都如同浮萍一般，不停地在激流中浮沉着、漂泊着。整个生活一直处于动荡之中。

为此，他苦恼过，彷徨过。

他常常想起哈佛大学那宽敞明亮的实验室，想起典雅别致的气象台，想起在美国的一切……

他之所以依依不舍但又义无反顾地离开它们，并且冷眼看待那些唾手可得的高薪、洋房，不就是为了要把自己"科学救国"的愿望付诸实际吗？不就是要把自己的一腔热血献给可爱的祖国的科技事业吗？

中国历来有"业精于勤，荒于嬉"的古训，对此，竺可桢是熟知的。为此，他始终像一位孜孜不倦的登山者一样，坚韧地向着险远峻峭的高峰攀行。

在黔北的 6 年，环境较为安定，竺可桢读书极多，科学研究始终不辍。

除了研究天文学史和气象学史外，竺可桢在抗战期间还对一些历史上成就较大的科学家进行了研究。徐霞客即是其中之一。

1941 年是徐霞客逝世 300 周年。浙江大学在遵义召开纪念会，竺可桢作了题为《徐霞客之时代》的报告。

徐霞客是我国明代著名的旅行家和地理学家。他用尽毕生的精力从事野外考察，前后 30 多年间，足迹遍及大半个中国。五岳、佛教名山以及黄山、武夷山等，他都曾到过。他以日记形式写成的那部著名的《徐霞客游记》，既是地理学领域的珍贵文献，又是脍炙人口的文学作品。

竺可桢认为，徐霞客既具有"忠、孝、仁、恕"的旧道德，又有为寻求自然奥秘历艰涉险的新精神。

竺可桢把徐霞客与欧洲同时代的探险家逐一地进行了比较，无限感慨地说："那些欧洲探险家'无一不唯利是图，其下焉者形同海盗，其上焉者亦无不思篡夺人之所有以为己有，而以土地人民之宗主权归诸其国君，即是今日之所谓帝国主义也。欲求如霞客之求知而探险者，在欧洲并世盖无人焉'。"

短短几句话，指明了徐霞客与欧洲探险家本质上的区别，也如利刃般地揭露了帝国主义原始积累时期向外扩张的殖民性质。

与徐霞客同时代的徐光启，是竺可桢推崇备至的一位古代科学家。抗日战争前，竺可桢就曾两次撰写专文对徐光启进行研究，抗战开始后，竺可桢仍然执着地对徐光启及其科学业绩、科学思想进行分析研究。

徐光启曾官至礼部尚书，但他的兴趣一直在科学研究上，天文、历法、兵器、军事、经济、水利无所不及，特别是对数学的研究近乎痴迷。他为传播西方的科学文明做出了杰出的贡献，被誉为"中国近代科学先驱"。

竺可桢善于用科学家的独特眼光来评价徐光启以及与徐光启同时代的西方科学家。这一次，他把徐光启与培根放在一起进行研究比较。

弗朗西斯·培根，大徐光启1岁，比徐光启早去世7年。

他的名言"知识就是力量",指出掌握知识的目的就是认识自然,以便征服自然。

竺可桢在研究比较后发觉,徐光启比培根伟大得多,他列举了5个方面的理由。

第一,培根著《新工具》一书,强调一切知识必须以经验为依据,实验是认识自然的重要手段,但他仅限于在书本上"纸上谈兵",未曾亲自操作实践。而徐光启在天文观测、水利测量、农业开垦等方面都富有实践经验,科学造诣远远胜于培根。

第二,培根过分强调归纳法的重要性,忽视了演绎法的作用。徐光启从事科学工作,由翻译欧几里得的《几何原本》入手,而该书最富于演绎性。培根之短,正是徐光启之长。

第三,培根著《新大西岛》一书,主张设立理想的研究院,纯为一种空想。徐光启则主张数学是各门科学的基础,应大力发展,同时应延揽人才,研究与数学有关的10门学科,包括天文星象、水利、音乐、军事、统计、建筑、机械、地理、医学和钟表,既具体又实用。

第四,培根身为勋爵,曾任枢密院顾问,但对于国事毫无建树,可谓尸位素餐。而徐光启曾任文渊阁大学士、内阁次辅，对于发展工农业生产做出了重要的贡献，由他在北京训练的 4000 名战士，后来在辽东作战时屡建奇功。他曾预见到日本将来可能假道朝鲜侵略中国，建议在多煤多铁的山西设立兵工厂，铸造洋枪大炮，足见其远见卓识。

第五，论人品，培根曾因营私舞弊，被法院问罪，关进监狱。徐光启则廉洁奉公，不受任何馈赠，临终之时，身无分文，是封建社会中难得的清廉官吏。

在对徐光启、培根系统地进行比较之后，竺可桢提出了一个令他困惑不解的问题：为什么这两个人在学术上、人品上有这样大的差异，而在他们各自的国家中，对他们学术的传承，反差却又那么大呢？

在英国，培根逝世后的 43 年间，他所著的《新大西岛》一书，传播甚广，先后再版了 10 次。1660 年，按照培根所设想的理想研究院的模式成立了英国皇家学会。《新工具》一书影响更大，培根也因此被誉为"现代科学之父"，被牛顿等科学家奉为圭臬。

反观徐光启的著作，在他逝世后有十分之九已经散佚，他的学说主张无人问津，随着岁月的流逝而为人们所淡忘。

两位科学家身后在各自国度里的遭遇，使得竺可桢在抗日战争前就曾无限感慨地对天发问："是则徐之不幸耶？抑亦中国之不幸耶？"

显然，这是中华民族的不幸！

经过了9年的研究之后，竺可桢接过了抗日战争前的话题，于1943年在黔北时发表了《科学与社会》一文，自己来回答自己的设问。

他说："一个人物无论如何伟大，一种运动无论如何风靡，不能离开时代的背景，而可得到一个合理的解释。欧洲近代科学之兴起，有人归功于牛顿和伽利略、开普勒几位科学家，实是大误。要了解牛顿之何以能在17世纪应运而生，不先不后，这不能不推想到那时代已经成熟，所以有水到渠成的形势。"

他接着分析了16—17世纪欧洲社会环境对于科学的需要，指出牛顿对于科学上的三大贡献，即使不是由牛顿来实现，也会被别的科学家发现。

因此，竺可桢的结论是："英雄所见略同，以英雄乃时势所造成；时势同则英雄之见解与造诣亦相同；文艺复兴以后，欧洲科学突飞猛进，人才辈出，乃由于生产力的需要所促成；徐光启逝世后300年间近代科学之所以不能在中国生根，也正因为生产落后之故。"

毫无疑问，竺可桢的结论是正确的。

　　他始终不渝地沿着崎岖的山路攀登，意志坚定，毫不动摇，他不会在疲劳时踅进蹊径悠闲一会儿，也不会在困顿时产生半点彷徨，甚至没有时间回望一下千辛万苦走过来的路转峰回。这就是永在科学旅途中的竺可桢。

　　据统计，抗战期间，虽然烽烟不断，行止无定，但竺可桢的科学研究工作从未中辍，他先后发表的文章竟有40篇之多。

大树浓荫

抗日战争处于相持阶段，国民党不断挑起事端。中国共产党坚持正确的方针，先后击退了第一、第二次反共高潮，并遏制了第三次反共高潮。为了实现"军事限共为主，政治限共为辅"的策略，国民党在国统区大学内不断强化法西斯统治和特务活动。当时，读马克思列宁主义的书以及一切进步的书都会被国民党判罪。但竺可桢从"求是"的精神出发，曾在演讲时宣称，在浙大校内，仅就读书而言，三民主义、马列主义等多学科的书都可以读。他认为学生在兼收并蓄后，是可以自行取舍的。他相信学生们有这样的鉴别能力。

竺可桢提倡的民主办校和"求是"学风，犹如春风化雨，润物无声，使浙大师生在严酷的"白色恐怖"下，始终涌动着渴望民主、坚持正义的热流。

1940 年夏，时任浙江大学训导长的国民党"党棍"姜琦蓄意压制学生的民主运动，受到学生的抵制，就试图以辞职来要挟竺可桢支持他，岂料竺可桢真的准予他辞职，并委任政治经济学教授费巩接任训导长。

费巩接任后，发扬民主，保障学生言论自由，帮助学生自治，开办《生活壁报》，关心学生生活，与学生关系非常融洽，随即引起国民党当局的忌恨。不久，在国民党当局的不断干预下，费巩被迫辞职。

竺可桢明知国民党有规定，必须是国民党员方能担任训导长，却敢于邀请并非国民党员的费巩任训导长。显然，在他的内心深处，已经隐隐地感觉到人心的向背了。

费巩辞职后，国民党仍不肯善罢甘休，必欲将其置于死地而后快。终于在几年后的 1945 年，国民党特务在重庆千厮门码头秘密绑架了费巩，并最终将其残忍地杀害了。

国民党做贼心虚，为了掩盖自己犯下的罪行，竟然诬陷青年学生邵全声行凶，将费巩推下水致死，并将邵全声抓捕入狱，并宣布判处死刑。竺可桢不相信国民党特务的无耻谰言，坚信邵全声是清白无辜的。他不断地努力，不停地抗辩，历时 2 年半时间，终于将邵全声保释出狱，使国民党特务栽赃杀人的阴谋未能得逞。

社会上有一阵风，浙大校内就有一层浪。竺可桢出于一位正直科学家的良心和正义感，总是尽自己的力量，用自己弱小的身躯，勇敢顶住来自国民党的明枪暗箭，老牛护犊般地保护那些风华正茂、血气方刚的青年学生。

　　黔北虽然偏僻，但无线电波总是不断拉近人们与抗战正面战场、敌后战场，与陪都重庆，与国外的联系。好的新闻，坏的讯息，都时时牵动着浙大师生的心……

　　1942年，太平洋战争爆发后，许多知名的爱国人士滞留在沦陷后的香港。他们因缺乏交通工具不能迅速脱险，情势非常危急，这引起了人们的义愤。

　　浙大学生响应昆明西南联大学生的行动，酝酿在1月6日举行"倒孔"游行。

　　竺可桢知道后，心急如焚。他看到一队队军警荷枪实弹地布满街头，三步一岗，两步一哨，打开的刺刀在晨霭中闪现着冷光。学生如果在此时游行，极有可能发生一场流血冲突。

　　竺可桢苦口婆心地劝告大家不要上街游行，他焦急地说："你们看，街上的军警早就荷枪实弹，弄不好就会流血。所以你们还是不要去游行。在学校内，可以集会，可以演说，可以出壁报，也可以发电抗议……"

　　可是，学生们一腔沸腾的血不可能就这样冷却下来。

　　学生们七嘴八舌地应答着，从他们嘈杂的声音和激愤的面庞上，竺可桢感到学生们的情绪就像是行将爆发的活火山。

　　竺可桢满头是汗，他扬扬手，让学生们安静，他接着说：

"我同情爱国人士，也支持你们，但希望你们最好不要出去游行，太危险！"

焦急、担忧，使他的声音变得异常起来。

然而，这一次，学生们是决意要违拗他们一贯尊敬的校长了。

竺可桢知道，倘若让学生们走出去游行，就如同让他们通过沼泽地，走过雷区，一不小心就会有灭顶之灾。

竺可桢迅速地思考着。此时，也许只有他本人可以充当向导，带领这支队伍穿过沼泽地，绕过雷区，避免这场灾难。

于是，令学生们诧异的一幕出现了：

竺可桢从一位学生手中接过小纸旗，用略略有些嘶哑的嗓音对大家说："既然你们要游行，那么由我来领队。请大家必须排好队伍，保持秩序，不要与军警发生冲突。"说着，他挺起胸膛，大步地走在游行队伍的前面。

竺可桢明白，既然不能阻止学生们游行，就必须在游行时始终在场，才可能避免各种意外的发生。在这种关键时刻，他绝不能置身事外，否则将是自己的严重失职。

慑于竺可桢的声望，加上学生游行时两旁的市民报以极大的同情，反动军警最终未敢贸然对学生们大打出手。

游行的队伍穿街过巷，把遵义这座小城的主要街道都走了一遍。最后，学生们还在体育馆内宣读函电。

"打倒孔祥熙！"

"铲除贪官污吏！"

激越的口号声在小城上空久久地回响。

但事后不久，国民党湄潭县党部书记叶道明就以查户口为名，对一些师生的宿舍进行搜查并抓走了两人。竺可桢到处奔走，戳穿了叶道明栽赃诬陷的伎俩，使两名师生得到释放。

那几天，正是黔北冬天最冷的时候，竺可桢脚上正生冻疮，由于不停地走动，冻疮破了，不能收口，粘在袜子上，每走一步，都钻心般地疼痛，但他仍然坚持一跛一拐地去有关部门交涉问题，陈述情况……

竺可桢如同一棵参天的大树，以他浓密的树荫遮风挡雨，护卫着无数的新枝和幼苗。

盼星星，盼月亮，终于等到了这一天。1945 年 8 月 10 日晚，日本决定无条件投降的消息伴随着满天星斗传到遵义，这座城市沸腾了。

鞭炮声、欢呼声、歌声、笑声，把城市变成了一片欢乐的海洋。这座城市度过了 8 年来第一个不眠之夜。

人们忘情地欢呼："我们胜利了！"

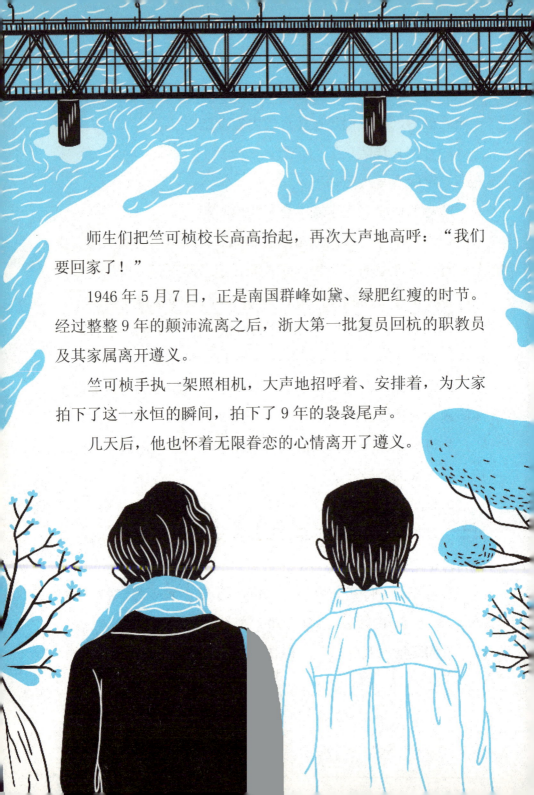

师生们把竺可桢校长高高抬起，再次大声地高呼："我们要回家了！"

1946 年 5 月 7 日，正是南国群峰如黛、绿肥红瘦的时节。经过整整 9 年的颠沛流离之后，浙大第一批复员回杭的职教员及其家属离开遵义。

竺可桢手执一架照相机，大声地招呼着、安排着，为大家拍下了这一永恒的瞬间，拍下了 9 年的袅袅尾声。

几天后，他也怀着无限眷恋的心情离开了遵义。

第六章 | 走近朝阳

又见西湖

钱塘江畔的月轮山上，六和塔巍然耸立，依山傍水，气势甚为壮观。

看到六和塔那熟悉的身影，竺可桢心中禁不住涌起兴奋的涟漪。

西迁的八九年间，一直有"万重关塞断，何日是归年"的情思，而今，在抗战胜利 1 年后，他终于又回到了魂牵梦绕的西子湖畔了。

天空高旷澄碧，在阳光的照耀下，清晨的薄雾早已消散得无影无踪。

"走，上塔去。"竺可桢解开衬衫的衣扣，一边招呼着同行的人，一边健步向塔门处走去。

沿着盘旋的楼梯，竺可桢登临了距地 50 余米高的塔顶。

极目远眺，滚滚江水滔滔东去，两岸美景尽收眼底。

触景生情，竺可桢依稀忆起了 10 年前……

1936 年 7 月的一天，应老友茅以升的邀请，竺可桢来到了钱塘江大桥工地。

他兴致勃勃地随着茅以升，先观看了 230 米长的引桥，再看公路桥、铁路桥，然后又随大桥桥工处处长乘小火轮至对岸萧山，并在江心处细细地观看正在施工的 10 多座桥墩……

竺可桢为自己的朋友茅以升主持建造的这座中国第一座现代化的大桥而倍感自豪。

"中国人不比任何外国人差，这座大桥就是证明。"竺可桢这样想。

这一天上午，竺可桢在钱塘江大桥工地上盘桓了许久。

当悠悠情思回归到眼前现实的时候，他的心不由得变得沉重起来。

日本投降后，欢庆胜利的爆竹声还在彼伏此起，竺可桢就急切地几次召开各种会议，布置尽快将浙大迁回杭州，商量今后的办学方针，规划浙江大学的未来蓝图。然而，当他把最近经重庆、南京、上海一路回到杭州的旅途中所见、所闻、所亲历的事串在一起时，他的心就凉了半截。

在南京，他看到国民党的达官贵人抛出黄金，换取大量法币，到"恢复区"低价抢购物资。他在抗战前用心血营造的北极阁气象研究所在侵略者的铁蹄下重又变成一片荒坡野岭。

从上海到杭州途中，只见国民党军队军官专横跋扈，蛮不讲理，连竺可桢都差点被他们殴打。

在杭州，浙大的大部分校舍早已荡然无存，有的连房基都被挖得空空如也。经过侵略者的洗劫，整个城市一片乌烟瘴气。

还在遵义的时候，目睹物价飞涨、生活费高昂的现状，不少教授考虑到家庭负担重，建议推迟返杭。日夜思念东归，事到临头，却又因生活所迫而踟蹰起来。

学校迁回杭州后，比起在黔北，竺可桢更加忙碌了。

这段时间，他把主要的精力都集中在繁杂的校舍修整和重建工作上。

他每天 6 点就起床，常常忙至深夜，以至于他自己也觉得"余近来坐卧起立，每觉有晕倒之势"。同时，由于又有机会接触到国外的科技书刊，他感到自己在气象专业上似乎在某些方面有些落伍。

但出乎人们意料的是，他竟在这时提出辞去他一直兼任的气象研究所所长一职，以便专心致志地当好浙大校长。

怎样理解竺可桢这似乎反常的行动呢？他的 10 多天后的日记或许能给我们某些启示。

1946 年 10 月 19 日，是鲁迅逝世 10 周年纪念日。竺可桢在当日的日记中记下了鲁迅的著名诗句：

> 横眉冷对千夫指，
>
> 俯首甘为孺子牛。

人必须有奋斗的精神，干任何事都必须要干好，他要继续履行好校长的职责，当浙大师生的"孺子牛"，在风雨中送浙江大学跨入新的征程。

1946 年 11 月，竺可桢去巴黎参加联合国教科文组织成立大会，会后又被安排去英美两国考察。

他把这次出国当成是自己吸收新知识的大好时机。在伦敦的约 20 天时间内，他不知疲倦地参观访问学校、研究所、图书馆。在从英国去美国的轮船上，他一连几天一直手不释卷地阅读外国学者的新著。在哈佛大学最大的威德纳图书馆，竺可桢见到他的《二十八宿之起源》的英文本已刊在《大众天文》上。虽然对此问题的研究已经相当精深，但他仍感到因抗日战争的缘故，国内文献资料有限，有必要在原有的基础上丰富材料，完善已有的结论。于是，他又像当年攻读博士学位那样，两个月时间，几乎每天都泡在图书馆里忙于查阅各类文献资料。

在旧金山，他接到国内催他火速回国的两封电报。

原来，国民党为了举行内战，对人民横征暴敛，激起了人民的反对。浙大学生响应全国学生"反饥饿、反内战、反迫害"的浪潮，联合杭州其他大学的学生，举行了数千人的示威游行。

1947年1月1日，竺可桢不再兼任气象研究所所长，他推荐的赵九章担任了这一职务。6月17日，竺可桢急如星火地赶回浙江大学，学生罢课仍在继续。

考虑到已临近学期末，全国各地又有多所大学学生被捕，为了保障学生和学校安全，竺可桢在校务会议上决定学校提前放暑假。

后来，国民党浙江省主席沈鸿烈在一次与竺可桢会面时，责怪浙大开除的学生太少，"实失之过宽"。竺可桢毫不相让。他明确表示，不允许军警入校搜查。沈鸿烈的脸色变得越来阴沉，可碍于竺可桢的威望，又不便发作。他不停地开合折扇，一副很不耐烦的样子。

竺可桢变换了一下坐姿，不紧不慢地阐述自己的看法："学校处置学潮，不能用武，我始终认为大部分学生系优良子弟。学校必须以德服人！"声调不高，但字字句句针锋相对。沈鸿烈涨红了脸，如坐针毡。这次会晤不欢而散。

暑假后，浙大新学期开始了。

看到学校的学习氛围重又浓厚起来，竺可桢格外高兴。

他摘录了朱熹的学习箴言自娱自勉：

> 读书始读未知有疑，其次则渐渐有疑，中则节节有疑。过了这一番，疑渐渐释，以至融会贯通，都无可疑。
>
> 读书有三到：谓心到、口到、眼到。三到之中，心到最急。

此前，竺可桢去南京，一些与他熟稔的国民党要员已在私下里告知他说，"最重要者为政府已改变方针，决议尽全力以讨伐共产党，所有财力将集中于此。故建设、教育均搁置"等。但政治上颇为天真的竺可桢认为事态不会那么严重，他仍想竭尽全力办好浙大，为国家培养更多的人才。

煎熬的日子

竺可桢美好的愿望又一次被严酷的现实击碎了。

1947 年 10 月 26 日凌晨，风雨交加。国民党当局在杭州延龄路大同旅馆中逮捕了于子三等浙大学生。

于子三是浙江大学学生自治会主席，是学校运动的公开领袖，是国民党当局一直蓄意谋害的主要目标之一。

此时，中国共产党领导下的人民解放军在全国各个战场的作战，已构成全国规模的战略进攻的总形势。国民党军队的总兵力已大幅度下降，屡战屡败。在国民党统治区，人民奋起斗争，使国民党军队的后方极不稳固。为了摆脱困境，蒋介石于 1947 年 7 月颁布"全国总动员方案"，妄图垂死挣扎。

随着人民解放战争的发展，中国人民解放军总部发表宣言，响亮地提出"打倒蒋介石，解放全中国"的口号。

惊恐万状的国民党反动派为了巩固后方，加紧了对国统区进步势力的镇压，于是在杭州发生了于子三等人被捕事件。

竺可桢怀着一腔悲愤，积极奔走，设法营救于子三。

不料，国民党特务已经对于子三下了毒手，并制造假象说"于子三已用玻璃刺破喉管自尽"。

竺可桢闻听消息，无比愤慨，当面责问国民党要员："于子三有什么罪，用得着去自杀？"

国民党浙江省主席沈鸿烈无言以对，十指交叉，机械地扭转着，以此掩饰自己理屈词穷的尴尬。

竺可桢愤怒的目光从镜片后直射过来，他对着沈鸿烈和中统特务头子俞嘉庸，引用《孟子》的话指责说："杀人以梃与刃，有以异乎？"

国民党特务百般狡辩，竟拿出两片所谓"自杀"用的玻璃给竺可桢看。

玻璃上染有星星点点的血迹，残破的刃片显得非常锋利。国民党以为用这种"证据"就可以完全堵住竺可桢的嘴了。

竺可桢瞥了一下玻璃片，冷冷地问道："我倒想知道，这两片玻璃是从何而来的呢？"

这一发问，是国民党特务始料不及的。竺可桢这句语调平平的问话，竟如出鞘的利剑一般刺向特务们的咽喉。一时间，众多在场的国民党要员和特务们瞠目结舌，窘态十足，狼狈不堪。

时间已近午夜，疲劳加上悲伤，竺可桢渐感体力不支，几近晕倒。

国民党当局拿出一份早已拟好的检验证书，要竺可桢签字。

竺可桢凑近灯光，仔细看了看检验证书上的文字："于子三于狱中用玻璃片自杀身亡。"

顿时，竺可桢感到血涌心头，他实在鄙夷这帮虚伪残暴的行尸走肉。

他努力克制住自己的情绪，用他惯有的沉静的语调拒绝了国民党当局的要求："我只能证明于子三已死，不能证明他是用玻璃片自杀的！"

说着，他在另一张纸上写下几行字：

浙江大学学生于子三委实已死，到场看过。

竺可桢

卅六年十月廿九日夜十二时

于子三被害的消息传遍浙大，国民党反动派的倒行逆施点燃了学生们心中的怒火，浙大学生立即开始罢课集会、上街游行示威。一场反迫害的斗争很快在全国展开。

善良的竺可桢还利用去南京的机会，奔走于国民党最高当局的各部门之间，期望他们能伸张正义，主持公道，其结果只能是失望。

在南京，竺可桢接受了《大公报》《申报》等的记者采访，他坚持对于子三之死的所谓"凶器""创口"等疑窦，提出自己的看法。

在当天的日记中，竺可桢也记录"当《申报》馆的人问我于子三是否自杀，我说他作为一个学生是一个好学生，此事将成为千古奇冤云云"等文字。

一经公开报道，国民党当局关于于子三自杀的谎言立即被戳穿。

国民党当局十分恼怒。消息传到蒋介石处，蒋介石让人转告竺可桢，在报上发一"更正"。

面对如磐的压力，竺可桢宁折不弯，他斩钉截铁地说："报载是事实，我无法更正！"

以10月30日浙大学生罢课游行为发端，半个月时间，这场反迫害的学生运动波及全国28个城市，有约15万名学生参加，是中华人民共和国成立前最后一次全国规模的学生运动。在浙江大学，师生们持续斗争了1个半月。

竺可桢以一个爱国的正直的科学家的正义感，以其对民主、自由的强烈愿望，追求真理，不怕牺牲，成为浙江大学师生有力的精神支柱。

竺可桢并非不知道自己的险恶处境，但他自己一直倡导的"求是"精神鼓舞着他，鞭策着他，激励着他。

在 1947 年 11 月 5 日的日记中，他摘录了王阳明被贬谪为龙场驿丞，自杭州向舟山进发，途中遇飓风，船被吹往福建时所作的一首诗：

> 险夷原不滞胸中，
>
> 何异浮云过太空？
>
> 夜静海涛三万里，
>
> 月明飞锡下天风。

竺可桢赞叹王阳明："是何等沉毅的大勇！"

其实，在 1947 年的"白色恐怖"中，这首诗又何尝不是竺可桢自己的写照呢！

发生于子三被残酷杀害一事后，竺可桢坚持正义，曾旗帜鲜明地向全校师生宣告："真理在我们一边，胜利一定属于我们。"

竺可桢目光所及，只能是浙江大学与国民党当局在"于子三事件"之间的斗争。那时，他还不可能真正体会到，要取得最后的胜利，必须依赖中国共产党领导下的人民革命战争。

等待天明

坐在湿冷的办公室里，望着窗外呼啸寒风中飞舞的落叶，竺可桢将两只胳膊支撑在桌面上，努力让疲惫的身体得到有效的纾解。

这段时间，竺可桢心力交瘁。在崇山峻岭、壑深湍急的黔北，在8年的抗日烽火中，竺可桢仍然使浙江大学得到了长足的发展。想不到回到了鱼米之乡的浙江，回到了人间天堂的杭州，办校居然还是困难重重，越来越难以为继。

学校财务部门经费告急的报告不时地呈上来，竺可桢和校务会议已经根本顾不上考虑教学了，只能把大部分时间花在研究如何筹措经费上，花在安排师生员工的"柴米油盐"上。

国民党当局将法币发行额无限制地扩大，造成国统区物价飞涨。到1947年底，一担大米的价格竟突破了百万元大关。1948年的农历新年快要到了，堂堂大学校长竺可桢的家里竟到了无钱买菜的地步。

在黔北的时候，多少个饥肠辘辘的寒夜，人们想起杭州，想起暖融融的西湖惠风，想起浙江蔬菜可烹、鱼虾正肥、年糕松糯、火腿醇厚，就会有一种甜滋滋的幸福感。如今，回到了杭州，希望变成失望，企盼变成"画饼"，一切的一切都成了遥不可及的镜中花、水中月。除夕之夜，杭州城内的鞭炮声依然此起彼伏。生活窘迫的人们趁着除旧迎新的时刻，希望通过声声爆竹来驱走旧年的不幸，祈盼着新的一年的吉祥。

按照习俗，孩子们设供祭祖。在一缕缕袅袅的烟雾中，竺可桢想起了东关镇街头的石板路，想起自己家的天井，想起儿时过节的盛况，看看眼前的一切，他不禁有些黯然神伤。

在当天的日记中，他写道："余家在绍兴时，父母祭祖必要在腊底廿六七八等日。晨天未明即起，吃年糕，为小孩最快活之一天也……"

国统区在经济上面临着严重的危机。行将灭亡的国民党统治集团为了稳住后方，变本加厉地对学生的爱国进步行为进行疯狂镇压，并不断给竺可桢施加压力。

4月中旬，上海警察局长密电竺可桢，称浙大是京、沪、杭、皖、赣等地学生的总联络机构，负责人是浙大的几名学生，要求他"据此相应电达即命查明办理"。

竺可桢接电后，以"查无实据"的电文将其软顶了回去。

5月初，国民党教育部特派员来杭，表示要趁北方的北大、清华、南开等校学生来浙大开会时，将他们一网打尽，竺可桢则当即表示："你们绝不能到学校来逮捕人。"

6月中旬，南京当局提出对浙大学生自治会的主要分子"须大批开除之"。竺可桢随即拒绝，坚持认为"此种政策与浙大作风大不相似，不能施行"。

12年校长生涯，使竺可桢不断地透过学校这个小世界，认识社会的大乾坤。与青年学生长期朝夕相处，他已经感受到青年学生那一颗颗炽烈的心，有意无意间，他的心已经开始随着青年学生的脉搏一起跳动。

正因为如此，师生们曾创作了一首名为《求是之光》的歌曲，讴歌自己的竺校长。歌词这样写道：

江声浩荡，浪涌两浙文物，

弦歌不绝颂浙大，看求是精神远播扬！

十年流亡，风霜久摧鬓发苍；

惨淡经营，剑桥媲美，听万人欢呼竺校长！

自由保姆，鞠躬尽瘁为人道；

科学、民主，矢志所求，歌真理战士竺校长！

江潮澎湃，激流推创新时代；

风雨如晦，鸡鸣不已，愿民主堡垒永辉煌！

国民党统治集团的迫害和镇压仍在继续。

8 月 22 日凌晨，国民党军警 200 余人冲进学校，抓走吴大信等 3 名学生，并最终判处吴大信 10 年徒刑。接着，他们又于 9 月底逮捕教育系学生李雅卿，并判处其两年半徒刑。

短短几个月时间，不断发生暴徒闯入校园，到校园逮捕、通缉学生的事件，浙江大学面对着一个多灾多难的危局。

1948 年 3 月，竺可桢被选为中央研究院院士。9 月，他又在第一届院士会议上被推选为第三届评选员。他先后作过一些学术演讲，宣读过一些论文。然而，令他倍感苦涩而又无助的是，处于多事之秋，社会动荡不安，自己无法潜心研究学问，整个 1948 年间，他没有任何学术著作问世。除个别年份外，这在他 1916 年以来的科学生涯中，是极少有过的事情。

在北方，人民解放军正以摧枯拉朽之势席卷长城内外，大江南北。就在这时，国民党教育部居心叵测地给竺可桢送来一份"密件"。

"密件"所附的情报中列举了种种"事例"："自 8 月 22 日由此间会同特刑庭拘捕吴大信的事，竺校长之态度即形转变，甚至包容奸伪匪谍学生之一切非法活动于不问不闻，而对于特刑庭之传讯则加以拒绝。"将检举信送至被检举者手中，国民党当局实质上是在对竺可桢进行"警告"。

4月中旬，人民解放军的百万雄师陈兵长江北岸，国民党的统治中心南京指日可下。这是黎明前最黑暗的时刻。国民党当局正在准备进行逃亡前最后的大破坏。

竺可桢获悉国民党有"反动分子""和平分子"两份黑名单，自己的名字被赫然列入"和平分子"之中。他知道，国民党当局已经视他为不可靠的人士了。

从上海来的友人口中得到这一消息后，竺可桢的嘴边浮起一丝轻蔑的笑容："'不诱于誉，不恐于诽'，这本是中国历代志士仁人守正的传统。你们把我列为'和平分子'，足见你们众叛亲离、四面楚歌，也显出你们外强中干、色厉内荏。"

为了躲避国民党特务的暗杀，竺可桢藏在朋友为他提供的安全住所里，依然终日平心静气地阅读报刊书籍。

竺可桢分外思念远在杭州的家人。

虽然邮电中断，音讯阻隔，但是竺可桢想自己的妻子和浙大师生们一定会理解他、相信他的。因为在这之前，竺可桢已经多次向他们坦露过心迹：绝不去台湾。

春风送暖

硝烟逐渐散去，枪炮声慢慢停息，在战争中"休克"了几天后，大上海重又复活了过来。

1949 年 5 月 25 日晨，竺可桢 8 点钟外出。行至岳阳路和永嘉路的路口，他的眼睛蓦然一亮：啊，他终于看到了，一个旧时代在这里终结了，一个新时代在这里崛起了，其标志，就是那一支支解放军的队伍。

竺可桢用科学家严谨的目光打量着这支陌生的胜利之师。

几百名解放军战士席地而坐，年轻的面庞上还留有激战后的征尘，闪动的眼眸中充满了好奇，疲惫中洋溢着兴奋。他们草绿色的军装的左胸上佩戴着"中国人民解放军"的胸章。

翌日，竺可桢看到解放军在马路上站岗，秩序井然。在研究院门口，也有解放军战士在站岗，有人给他们送食品，都被他们一一辞谢。下岗后的战士也都就近卧地小憩。

竺可桢不能不由衷地佩服这支正义之师了。

他在日记中感慨道："政府虽已改易，而人民可说毫无骚扰。""绝不见欺侮老百姓之事""纪律之佳诚难得也。"

对于经历过几个政权更迭的竺可桢来说，这些天给他留下的印象是新鲜且深刻的。

眼前这些充满朝气的年轻人让竺可桢想到自己的长女竺梅。

1946年初秋，竺梅和未婚夫胡鸿慈不告而别，去了山东解放区。竺可桢一直非常思念远方的女儿。现在，解放军已经挥师南下，竺梅作为革命队伍中的一分子，现在何方？她会来上海吗？那几天，竺可桢的脑海里经常萦绕着这两个问题。

即使竺可桢对新政权已有好感，但他没有在当时一些知名人士联袂发表拥护中国共产党的宣言上签名，没有对上海的解放公开表示自己的态度。这是为什么呢？

这大概可以从他一贯倡导的必须有清醒的、富有理智的头脑和深思熟虑、不肯盲从的习惯中找到答案。

竺可桢一贯主张："不盲从，不附和，一以理智为依归。"上海解放后的所见所闻，只使他有了感性的认识，他还需要用自己敏锐的目光和深邃的思考去获取理性的认识。

这时，一朵乌云悄然飘来，搅乱了竺可桢舒朗的心情。竺可桢得到信息，他的大女儿竺梅在解放区大连因病不治身亡。与女儿一别3年，竺可桢日夜思念，并且从女儿正在奋斗的事业中逐步认识到中国共产党的伟大，想不到在中国革命胜利的门槛前，女儿竟永远地走了。自1938年在江西泰和丧妻失子，

11年后又失去爱女，竺可桢陷入长时间的悲痛之中，大滴大滴的泪珠顺着他清癯的面颊滚落下来。

强忍住内心的痛苦，竺可桢继续投身到各项社会活动和科学研究工作中去。

竺可桢离开浙江大学已经许久了，浙大师生们依然思念着他。7月3日，上海的浙大校友会召开年会。大会以校友会的名义向竺可桢颁发了镌有"教泽广敷"4字的金质奖章。同时，北平浙大校友集会，也希望竺可桢能回到浙大去。校友们如此殷切地希望自己返回浙大，这实质上是对自己过去13年在浙大作为的褒奖和肯定，仅此一点，就足以让竺可桢感到无比欣慰。

然而，竺可桢也深切地感到，祖国的科学事业必将以崭新的姿态跃出东方的地平线，自己更愿意在即将步入花甲之年时，为民族的振兴，为国家的科学事业再献上一份力量。

竺可桢6月14日的日记记述了他的一些想法。

这天，气象学会召开气象研讨会，并将气象学会编印的竺可桢60寿辰纪念专刊敬赠给竺可桢，一些科学家追忆了竺可桢在我国气象界披荆斩棘、耕耘拓荒的功绩。

竺可桢在热烈的掌声中致答谢词。他说自己在浙大13年，对气象学的科学研究已经渐渐落伍。这有点儿像陶渊明《桃花源记》中的那些因避秦时乱而入异地的人，等到有外人进入桃花源时，则对外人所说的历史感到茫然，"乃不知有汉，无论魏晋"。竺可桢谦虚地调侃道："以其如余今日之于气象矣。"

共产党与科学家的心是相通的。党理解竺可桢的心情，使他如愿以偿地回到了始终留恋、期望已久的科学研究的工作岗位上。1949 年 7 月 5 日，竺可桢从上海启程去北平。竺可桢作为上海的代表，应邀参加中华全国自然科学工作者代表会议筹备会。在这里，竺可桢感叹共产党的组织能力，短短时间内就把全国科技界的 200 余名精英从四面八方荟萃于一处，群贤毕至，少长咸集，真是中国科学史上一次空前的盛会。

共产党人虚怀若谷的胸襟，为民众操劳的勤勉精神，使竺可桢深为感动，好像有一股暖流在心中不断地流淌，竺可桢决心沿着共产党指引的方向走下去。

在党中央的安排下，有 48 位著名科学家自愿报名参加东北参观团，竺可桢被推选为团长。

参观团参观了沈阳、鞍山、本溪、抚顺、哈尔滨、长春、大连等地，足迹遍及东北的主要城市。尽管战争的创伤远未愈合，但东北广大地区在解放后的较短时间里，社会秩序恢复稳定，城市管理变得有序，在恢复生产、改善人民生活等方面，都取得了初步的成绩。参观团把大家的观感提炼概括成了一份观感报告，受到政府有关部门的重视，印制了 1000 份，向下属机关分发。这种尊重科学家的态度和从善如流的表现，都在竺可桢心中引起了巨大的震撼。

回到北平后，竺可桢应邀在中央人民广播电台作了《参观东北后我个人的感想》的讲话。事前，竺可桢认真地进行了准备，他用最精练的语言来描述参观的情况，希望以自己的感受来教育和启迪更多的青年人投入到中国的工农业生产建设中去。

9 月初，竺可桢在北平参加第一届中国人民政治协商会议，参与了对《中国人民政治协商会议共同纲领》（下文简称《共同纲领》）的讨论与制定。

竺可桢根据自己的深切体会，对比我国与西方发达国家的差距，建议将发展自然科学的内容写入《共同纲领》中。这一建议得到与会很多人士的赞同。

于是，在正式通过的《共同纲领》第四十三条中规定："努力发展自然科学，以服务于工业、农业和国防的建设。奖励科学的发现和发明，普及科学知识。"

当竺可桢看到这段条文时，舒心地笑了。他知道，春风杨柳万千条，一个美好的时代正扑面而来。

第七章 | 登高望远

集结号

10月，开国大典绚烂的礼花绽放后不久，中央人民政府就任命竺可桢为中国科学院副院长。

当历史偏离目标的时候，人们抱怨它。而当历史向着正确目标迈进的时候，人们会发现，前进的道路并不平坦。受命以后，竺可桢感受尤深。

1949年11月1日，中国科学院正式成立，已被任命为副院长的李四光因受国内外反动势力的刁难，当时尚在国外，一时难以到职，这样，建院初期中国科学院组织领导自然科学方面工作的主要责任，就历史性地落在了竺可桢的肩上。

可是，之前留下来的科学研究事业的基础竟是那样薄弱。

据竺可桢回忆，中国之有近代科学，也不过是辛亥革命以后的事。五四运动以后，北京大学提倡科学，科学研究才逐步在各个大学中有了立足点。1928年，蔡元培先生创设的中央研究院及第二年成立的国立北平研究院，是最早建立的全国性的、包含自然科学与社会科学的研究机构。由于国民党政府不重视科学事业，这两个研究院下属的研究机构很多已名存实亡。以这两个研究院为主体，加上共产党在延安设立的延安自然科学院等，连同一些高等院校的研究机构，虽然机构数量上可达190个，但其中真正能够从事科研工作、具有一定成就的自然科学家，人数竟不足700人。

泱泱4亿5000万人口的大国，自然科学研究的家底竟是如此可怜，如此微薄。

这就是竺可桢所面对的现实。

"巧妇要为无米之炊"。竺可桢知难而进，高效率地开始各项筹备工作。

在十月革命胜利32周年纪念日这天，竺可桢在南京参加科学家集会时，阐述了两个观点：

第一，必须既注重应用研究，又注重基础研究。

第二，要克服"士大夫"观念，万不可有文人相轻的坏习气。

1950年，竺可桢在《中国科学的新方向》一文中提出坚持新中国科学事业的正确方向，须坚持3条原则：

第一，必须坚持理论与实际相结合，使科学真能为农工大众服务。

　　第二，必须群策群力，用集体的力量来解决眼前最迫切而最重大的问题。

　　第三，大量培植科学人才以预备建设新中国。

　　建院初期，竺可桢就是循着这样的思路来筹划中国科学院的相关工作的。

　　调整研究机构，是中国科学院成立后的当务之急，竺可桢从任职伊始就全身心地扑在这项工作中。

　　原中央研究院中，除极少数研究所迁往台湾地区外，尚保留有天文、物理、化学、气象、地质、动物、植物、医学、工学、社会等十几个研究所。

　　原国立北平研究院则设有物理学、原子学、化学、药物、生理学、动物学、植物学、史学共8个研究所。

　　此外，还有北京的静生生物调查所，南京的中国地理研究所和中央地质调查所等研究机构。

　　竺可桢首先从北京开始着手工作。他明确在北京的原中央研究院、原国立北平研究院下属的研究所及静生生物调查所，全部划归中国科学院。然后，竺可桢又遍访北京的主要高校，遴选合格的研究人员。

北京的研究机构隶属关系明确后，竺可桢又风尘仆仆地来到南京、上海，为最终确定中国科学院下属第一批研究所的建制殚精竭虑。

竺可桢把科学院的组建过程看成是树立一种崭新的工作作风的有利时机，因而他总是坚持深入科研单位，与科研工作者促膝谈心，互通心声。他还要求科研工作者注重科学院科研工作的计划性和整体性，目光远大，突出重点。

竺可桢是一个心胸坦荡的人，在确定每一个研究所的去留时，坚持以国家需要和科学事业发展为原则，不徇半点个人私情。

前中央研究院气象研究所是竺可桢一手创建的，竺可桢为它倾注了无数的心血。考虑到竺可桢苦心经营气象研究所的种种艰辛，人们都希望该所能单独建所，至少也应独立成所。在竺可桢具体负责中国科学院研究机构调查工作的情况下，这本应是一件很容易实现的事情。

然而，竺可桢考虑到目前中国科学院的规模还有限，与气象研究所领域相近的一些学科也亟待发展，于是他毅然决定将气象研究所改建成地球物理研究所内的一个研究室。随着事业的发展，直到10多年后，气象研究室才升格为中国科学院大气物理研究所。

竺可桢这种"直如朱丝绳，清如玉壶冰"的品德，受到科学界人士的交口称赞。

在竺可桢等人的不懈努力下，中国科学院很快就确定以北京、上海、南京三地为各具特色的研究中心，把原有的近30个研究机构调整为17个，另成立3个新的研究所筹备处。

1950年6月20日，竺可桢在中国科学院第一次扩大院务会议上宣布，首批15个研究机构成立。

至此，中国科学院有了雏形，中国科学技术的发展从此插上了腾飞的翅膀。

后来，竺可桢又多次参与决策，在全国各地兴建部分分院和各类研究所，为中国科学院在全国范围内的研究机构体系的确立做出了杰出的贡献。

吸收聘请有经验的研究人员，是竺可桢在建院初期主抓的另一项重要工作。

竺可桢知道，要使各个研究所的科学研究工作卓有成效地开展，必须要有一批学术造诣较深的科学家来牵头，于是，他像当年在浙江大学一样，礼贤下士，四处聘请科学精英。有的科学家当时在大学里工作，竺可桢就去教育部协商，寻求支持。

为争取当时在地质部门工作的科学家尹赞勋来中国科学院，竺可桢几次拜访地质部领导。经过竺可桢和其他科学家的共同努力，童第周、曾呈奎、贝时璋、王淦昌、汪德昭等一大批具有较高学术成就的科学家先后来到中国科学院工作。"星汉灿烂，若出其中"，这批科学家的到来，进一步壮大了中国科学院的科研队伍，为中国科学院学术成就的提高创造了重要条件。

1954 年 5 月，竺可桢去呼和浩特等地考察黄河流域。

土地贫瘠干旱，黄土上几乎没有任何植被，一处处裸山躺在黄河岸边，不安分地掀起阵阵尘土。

中华民族的母亲河，竟变成如此模样。竺可桢心中有一种灼痛感，他感到压抑、沉重。

那些天，他总是默默地离开考察现场，回到招待所里也是静静地思考着，一言不发。

他知道，人类已经破坏了大自然的生态平衡，如不采取措施，必将受到大自然的惩罚。

有鉴于此，中国科学院必须在占全国面积三分之一左右的西北地区建立相关机构，并把黄河全面开发及根治黄河问题作为一个长期的重点工作。

7 月，竺可桢怀着喜悦的心情来到西安。

　　这一次，他是来西安参加中国科学院西北分院筹备委员会成立大会的。竺可桢代表中国科学院在会上致了辞。

　　之后，竺可桢又为成立西南、中南、华东和新疆分院，建立各个研究所，确立和完善中国科学院在全国范围内的研究机构体系，倾注了全部的心血。

　　竺可桢就像一位技术娴熟的号手，不停顿地吹响集结的号角，把越来越多的科学家聚集到共产党的庄严旗帜下，凝聚到祖国的雄伟大厦中。

山川入梦来

在 1956 年制定《1956—1967 年科学技术发展远景规划》（以下简称《十二年科技规划》）的过程中，竺可桢领导一批科学家制定了 4 项重大综合考察任务：

一、西藏高原和康滇横断山区综合考察及开发方案的研究；

二、新疆、青海、甘肃、内蒙古地区的综合考察及其开发方案的研究；

三、热带地区特种生物资源的研究和开发；

四、重要河流水利资源综合考察任务。

《十二年科技规划》获得批准后，1957 年 2 月 18 日，中国科学院自然资源综合考察委员会（以下简称综合考察委员会）正式成立，负责统一组织和领导中国科学院的各个综合考察队，并由竺可桢担任该委员会主任。

综合考察委员会的建立，标志着我国的自然资源综合考察工作进入了一个新的阶段。

可以说竺可桢就是这项具有深远意义的崭新事业的奠基人。

在竺可桢的主持下，先后组织了 23 个规模不同的综合考察队。被任命为综合考察委员会主任的 10 多天后，竺可桢就风尘仆仆地奔赴东北，进行黑龙江流域的综合考察活动。

这次考察后，竺可桢组织编写了《黑龙江流域及其比邻地区生产力发展远景设想》的考察报告，并提出了黑龙江水利资源开发第一期工程的实施意见。

1958 年 8 月下旬，竺可桢来到兰州，主持甘青综合考察队的工作汇报会，之后于 9 月初来到乌鲁木齐。

不到新疆不知中国之大。

一辆"嘎斯"吉普，载着竺可桢深入新疆腹地。这是竺可桢生平第一次来新疆。为了利用有限的时间多了解一些情况，一行人有时一天要驱车 500 多千米。

由乌鲁木齐出发，先向东，考察了吐鲁番盆地。在这里，他细致考察了当地居民利用坎儿井引水灌溉，生产无核葡萄、哈密瓜和长绒棉的具体情况。

后来，他又向西，经石河子、克拉玛依，到达边城伊宁。

再往南，经阿克苏到喀什，然后沿塔里木盆地南缘到莎车、叶城，再向东南，到达和田市。

　　不止阿勒泰，竺可桢的足迹几乎遍及整个辽阔的新疆大地。历时 1 个月，行程超过 4000 千米。

　　沿途，竺可桢与中外科学家一起直接进行野外考察，挖土壤剖面，测量湖水温度；或深入农舍访问，了解当地生产状况及未来发展潜力；或参观历史遗迹，推断古今自然环境的变化，对当今经济的发展提出合适的建议。

　　回到北京，竺可桢发表了《新疆纪行》一文，记述了在新疆的所见所闻，更多的，则是热情宣传新疆有利的自然条件和发展潜力，号召全国科技工作者为新疆的科技进步和社会发展做出贡献。

　　1958 年底，中国科学院决定由竺可桢组织领导开展沙漠科学考察和研究工作。在竺可桢的组织领导下，以中国科学院治沙队为主体的近千人的治沙大军，进驻了我国西北部的几处沙漠地带。

　　治沙大军在内蒙古磴口、宁夏沙坡头、甘肃民勤、陕西榆林等 6 处建立了综合试验站，还深入塔克拉玛干、巴丹吉林、毛乌素、河西走廊的西部戈壁地区进行实地考察，揭开了中国人民大规模科学治理沙漠的新纪元。

　　竺可桢决定实地去看一下。

踩着软软的细沙，翻过起伏的沙山，竺可桢于1959年6月、7月间，3次到内蒙古、宁夏、甘肃等地区的沙漠地带考察治沙工作。

考察以后，竺可桢对治理沙漠、防止沙漠化进一步扩展提出了不少极有价值的建议。在之后的日子里，他也多次讲话和著文，勉励人们："沙漠是可以治理的。"

为了搞好自然资源的综合考察，竺可桢决不言老。他还数次计划随西藏综合考察队去西藏高原实地考察，终因年事已高，未能成行。

在领导和参与野外考察的过程中，竺可桢总是以考察队员的姿态出现在野外，跋山涉水，长途奔波。有时连续十天半个月甚至更长时间不间断地工作：细致地阅读地形图，观察记录事物形态及数据，记录海拔高度和天气及气候资料，了解自然现象、社会现象和民族的风俗习惯，并与专业考察队员交换意见，与当地干部群众座谈讨论。他每天坚持在日记中记述观察访问的结果。每次考察归来，他都毫无例外地对所见所闻加以总结，撰写成各类文章，有的向全国人民代表大会常务委员会和国务院报告，有的向中国科学院院务会议报告，还有的在不同场合进行介绍或发表。

　　为了取得第一手资料，他总是亲自观察各种自然现象。考察东北原始森林时，他用双手一层层地拨开腐烂的落叶和丛生的杂草，毫不顾忌蚊虫的叮咬。在黄河中游考察时，他乘坐的小船在激流中漏水险些出事。在川西高原勘察南水北调引水路线时，时而攀登于高山之巅，时而又降至千米之下的山涧谷底，他毫不顾虑随时可能发生的各种危险。在新疆考察时，汽车在戈壁上受阻，他干脆借着冷冷的月光，在野兽的吼叫声中于汽车里过夜。

　　自然资源综合考察工作，是在我国开展大规模经济建设的过程中兴起的，是我国科学事业中的新兴部分。竺可桢于1962年总结说："综合考察中主要是自然科学，我们是以自然资源为基础，第一是找到资源的分布；第二是找自然规律，必须了解自然才能开发自然；第三是研究如何开发利用资源。"

　　竺可桢为了祖国的富强，为了自然资源综合考察工作，无私地贡献了自己全部的情和爱，胆和识，才和智。

｜奋蹄孺子牛

对北京城中很多处文物古迹，竺可桢多年来心仪已久，但他没有时间去游览，因为他太忙了，他自己也感到身上的担子太重了。

为使科学研究服务于国家边疆地区建设，在竺可桢的精心组织下，中国科学院于1951年5月派出了有48人参加的西藏科学工作队，进行了地质、地理、生物、农业、社会、历史、语言、文艺和医药等多学科、多领域的考察。随后，院里于1952年6月再增11名农业科学家进藏考察。此外，竺可桢又根据海南岛建设的需要，组织了由多学科科研人员组成的考察队赴海南岛进行橡胶种植情况的考察。

在紧张的科学领导和组织工作之余，竺可桢自己多次去野外进行实地考察。每次考察回来，他都向有关部门和中国科学院报告，有针对性地提出自己的意见。1952年2月8日，竺可桢在出席政务院（现国务院）第一百二十三次会议讨论防旱抗旱问题时，根据自己在野外考察的第一手资料和自己的综合研究，明确提出：内蒙古某些地区，凡年降雨量在350毫米以下者，不宜农垦。

在领导中国科学院开展工作的过程中，竺可桢深感我国科学技术发展已大大落后于世界潮流。由于当时的国际环境，我国直接学习国外科学事业的着眼点主要是苏联和东欧国家，去这些国家参加国际学术会议也就成为竺可桢进行对外科技交流的主要形式。

每一次出访，竺可桢都要抓住有利时机，大力宣传新中国发展科学教育事业的方针，增进我国与这些国家的人民和科学家之间的友谊。同时，他注意吸收各国发展科学事业的经验，体察各国政府对科教事业的重视程度和实施手段。

1953 年 5 月的波兰，芳草萋萋，繁花似锦。竺可桢来到波兰南部的克拉科夫大学。

在这里，竺可桢瞻仰了哥白尼的铜像。

注视着哥白尼那坚毅深邃的目光，竺可桢的耳畔响起了哥白尼那首渴求真理的诗篇：

我多想弄清，
星辰的运动，
和它们交错的路径。
我多想解释，

行星诞生的奥秘，

和它的后果前因。

我还想知道，

太阳为什么会东升西落，

还有那神秘莫测的彗星。

我就想做这么一个人，

在茫茫的太空中，

把真理追寻。

怀着对哥白尼的崇敬，竺可桢依依不舍地离开了克拉科夫。

在民主德国，他看到那里的人们重建家园的巨大创造精神。他感到，这对我国的振兴和发展具有重要的借鉴意义。

1956 年 9 月，竺可桢利用出席在意大利佛罗伦萨召开的第八届国际科学史大会之机，先后考察了意大利的一些重要城市及名胜，其间参观了伽利略试验落体运动的比萨斜塔，瞻仰了伽利略的墓地。

在日记中，竺可桢如数家珍地记述了文艺复兴时期意大利人在科学、艺术方面的种种成就。字里行间，又无处不涌动着

愿中华民族早日达到世界先进科学技术水平的美好希冀。

　　他觉得，温故而知新，只有了解本民族宝贵的科学文化遗产，珍视我国古代科学研究取得过的重大成就，才可能去继承它、发展它、光大它。了解过去走过的弯路，才可能开拓出新的路径来。1951 年，他先后发表了《中国古代在天文学上的伟大贡献》和《中国过去在气象学上的成就》两篇重要学术文章。

　　在《中国古代在天文学上的伟大贡献》中，竺可桢以自豪

而又客观的笔调总结道：中国古代天文学上的成就，有两点是和巴比伦与希腊不同的。第一是注重实用，我们天文学上的成就，许多是为配合实际需要而得到的。在同一时期我们的理论也许不比希腊高明，但是技术的应用上却超过了他们。第二我们有悠久的历史，各时代连续不断地有记录、有发现、有创造。我们若把中国天文学发达史分三个时期，即一是从殷周到两汉、三国，二是从六朝到唐，三是从五代到元、明，则每个时代都有杰出的人才和一群勤劳的科学工作者在不断求索，才能取得我们古代在天文学上伟大的成就。

在《中国过去在气象学上的成就》一文中，竺可桢同样以他的博学多识，精辟地做出自己的结论——从西汉以来，我们的气象知识从三方面发展着：一、观测范围的推广和深入；二、气象仪器的创造和应用；三、天气中各种现象的理论解释。在这三方面我们祖先统有了伟大成就，直到明初即 15 世纪，我们对气象学的认识，许多地方都是超越西洋各国的。

后来，竺可桢又相继发表了多篇文章，努力以中国古代光辉灿烂的科学技术成就来激励人们，也激励自己为祖国科学事业的发展做出贡献。对此，竺可桢是这样展望的："我们很可以自信在人民政府所提供爱祖国、爱人民、爱劳动、爱科学、爱公物的文教政策领导之下，给以相当的时间，我们的各类科学技术，必会有更灿烂光辉的成就。"

竺可桢积极响应中共中央的"把发展农业放在首要地位"的指示，他觉得自己肩负重任，作为一个地理学家，又是中国科学院副院长，应该把中国科学院有关地学和生物学的研究工作，尽可能地转移到为农业服务的轨道上来。他说自己写作《物候学》一书，就是为了"响应党的号召，勉力做了一点与农业有关的科普工作"。

联系到乱垦滥伐带来的严重后果，1964年，竺可桢在《论我国气候的几个特点及其与粮食作物生产的关系》一文中大声疾呼："'前车之覆，后车之鉴'，我们利用东北和内蒙古草原地区不能再蹈此覆辙，必须开发草地使之成为牛、羊、马、骡的乐园，而不能大面积开垦，任风吹荡，使肥沃的土壤从空中飘浮进入大海。"在全国人大会议上，竺可桢又多次呼吁开展自然保护工作，希望在全国范围内建立自然保护区，进而保护大自然的生态平衡。

在人们眼中，竺可桢就是科学战线上一头不知疲倦的"孺子牛"，在行政领导工作和社会活动高效率运转之外，他的科研之树也常青。

阅览四季

清晨，竺可桢匆匆从北海公园北门进来，沿着湖边，健步向南门走去。

竺可桢并不是作为游人来观赏北海公园的湖光山色和雕梁画栋的。

当时，他居住在北海公园东北角的地安门东黄城根，而办公的中国科学院院部则在北海公园西南。于是，竺可桢上下班时会横穿公园，用一个物候学家的独特眼光来观察物候。

他走进花圃，看到一盆盆海棠花花事正盛，灿烂而又蓬勃。

"噢，都开了，都开了。"竺可桢脸上绽出一片同样灿烂的笑容，他转过眼，询问花匠师傅："是昨天全开的吗？"

得到肯定的答复后，他随即在心中默默地记了下来……

其实，早在 20 世纪 20 年代，竺可桢就开始了物候的研究，他是我国物候学的创始人。自从留美回国后，一年四季他的身边必备 3 件物品，即钢笔、日记本、温度计。这就是他几十年如一日观察记录物候的 3 件"宝贝"，而物候观察是他从事物候研究必不可少的重要环节。

1936 年，是竺可桢的工作相对安定的一年，他在南京的物候观察记录非常详细生动：

3月16日，他观察到气象所中"梅花将放，苞已满"。

3月24日，他观察到"所中春梅已放，红者数不少，白者只二朵"。

3月26日，记有"柳丝绿，所中及珞珈路寓中梅花已开"。

3月29日，说"南京看梅花，时在春分后一周"。

4月1日，看到"北极阁路上杏花初开"。

4月6日，记有"初闻燕子，并见燕子；杏花盛开，梅花落，所中西楼下之梨花开"。

4月7日，观察到"玉兰盛开，杏花落，寓中白樱花开"。

4月8日，见到"桃花开"。

4月13日，看到"路上李花盛开"。

4月14日，见到3种植物现象，即"桃花将落，丁香半开，紫荆盛开"。

4月17日，又见"寓中丁香盛开"。

4月27日，"闻告春莺"。

6月28日，"初闻蝉鸣"。

竺可桢对物候观察之仔细，记录之认真，由此可见一斑。

什么是物候呢？

竺可桢在 1931 年发表的物候学著作《论新月令》中说："草木之荣落，候鸟之往返，由气候之寒燠而得物类之感应。中国旧称谓之物候。"

在 20 世纪 60 年代初，他在与宛敏渭合著的《物候学》中又说："物候学是研究自然界的植物（包括农作物）、动物和环境条件（气候、水分、土壤条件）的周期变化之间的相互关系的科学。"

他认为，通过观察物候，不仅可以认识自然，了解季节变化情况，掌握各地冷暖差异，甚至可以推断历史上气候变迁的轨迹。物候研究可以让农业生产更加科学，更加合理，促进农业大丰收。

竺可桢举例说，华北一带的农民流传有一首《九九歌》：

一九二九不出手，

三九四九冰上走。

五九六九，沿河看柳。

七九河开，八九雁来。

九九加一九，耕牛遍地走。

竺可桢深入浅出地指出："这里所说'不出手''冰上走''沿河看柳''河开''雁来'统是物候"，"就是从人的冷暖感觉、江河的冰冻、柳树的发青、鸿雁的北飞，来定季节的节奏、寒暑的循环，而其最后目的是掌握农时"的科学，这就是物候学。

观测物候，最重要的是不能间断，因为一有间断，最有价值的物候现象可能就稍纵即逝了。因此，不管工作多忙，竺可桢总是持之以恒地坚持物候观测。据统计，竺可桢自1921年开始在南京观测物候，直到逝世，在这50多年的悠悠岁月中，除因战乱时期只有片段物候记录外，竺可桢前后累积了南京、北京两地33年间的长期物候记录，这本身就是一件令人叹为观止的科学业绩。

物候学是一门科学，必须制定严格的标准，首先是要做好物候观测对象的选择。

对此，竺可桢在《论新月令》一文中引述了外国学者的观点，认为物候观测的植物品种选择，必须具有下列性质：

一、此种植物须分布甚广；
二、出叶出花之时期，易于辨认者；

三、记录所得之结果，须能有裨实用，而确能以示植物一年中发育之序者；

四、所选植物须各处所常用，而不受意外之影响者。

按照这样的要求，竺可桢当时在南京观测植物和候鸟，选了以下观测对象：杨柳绿、桃李盛、碧桃盛、紫藤开花、梧桐出叶、牡丹花开、柳絮飞、樱桃上市、槐花盛以及燕子初见、布谷初鸣。

后来，在北京，竺可桢又增选了山桃开花、杏花开、苹果花开、海棠花开、洋槐花开以及北海解冻等对象。

春天的脚步是悄悄的，春天的脚步又是匆匆的，尤其在南京，春天更是短暂得让人来不及回味就会进入初夏，因而，竺可桢的物候观测更是细致入微，他几乎是瞪大了眼睛阅览这有限的春色。

柳絮飞、燕子初见和布谷初鸣，是竺可桢在南京、北京共同的物候观测对象。

通过比较，竺可桢发现，北京比南京柳絮飞最早日推迟 6 天，最迟日推迟 15 天；燕子初见最早日推迟 17 天，最迟日推迟 21 天；布谷初鸣最早日推迟 28 天，最迟日推迟 36 天。由此可以推断，各地的物候是不一样的。

有一年春天，竺可桢要去野外考察。考虑到出行时间较长，无法亲自观察北京的物候了，他决定让女儿竺松代劳。

他叮嘱女儿说："你每天上学的时候，从什刹海旁边经过，要注意观察一下，哪一天水面上冰初融，把它记下来。"竺可桢比画着，接着说："另外，还要注意一下，哪一天什么树开花，开什么花，都要留心。"

一个初夏的晚上，月色溶溶，花香阵阵。

竺可桢想到外面草长了，花开了，新冒出的树叶又快长成密密匝匝的树冠了，可是缺少点什么呢？

突然，他急切地问夫人陈汲："这些天你听到布谷鸟的叫声了吗？"

陈汲看着竺可桢那副怅然若失的样子，赶快答道："没有。"

陈汲知道丈夫又在思考物候观测的事了，随即补充说："你没有听到，那我就更没有听到了。"

"为什么？"

"哎，每年都是你听到了告诉我的，你的听觉比我好。"陈汲笑着说。

"今年我怕自己的耳朵不灵，"竺可桢摇了摇头，轻轻地叹息一声，说，"从现在开始，请你留心帮我听一听。"

陈汲微笑着点了点头。

终于，陈汲有几次先听到空中布谷鸟那清脆的鸣啭声。

从此，陈汲也成了竺可桢观察物候的有力助手。

在竺可桢的组织下，中国科学院地理研究所会同植物研究所、北京植物园共同组织起物候观测网。1962 年在北京开始观测，1963 年全国各地的协作单位也参加了观测。仅颐和园内的物候观测所，其观测对象就包括园内 80 多种花木植物。

在长期的观察、分析、研究后，竺可桢逐步掌握了物候学的一些基本规律。

他提出，物候有南北差异。我国地处世界最大陆地亚欧大陆的东部，大陆性气候极显著，冬冷夏热，气候变迁剧烈。在冬季，南北温度悬殊；但到夏季，则又相差无几。如初春 3 月份平均温度，广州要比哈尔滨高出 22 摄氏度；但到盛夏 7 月，则两地平均温度只差 4 摄氏度而已。加之我国地形复杂，丘陵山地多于平原，更使物候差异各处不同。

竺可桢还指出，物候有东西差异，这主要由于气候的大陆性强弱不同。我国东部沿海地区也有海洋性气候性质。凡是大陆性强的地方，冬季严寒而夏季酷暑，我国大部地区就是如此。

反之，大陆性弱即海洋性气候地区，则冬春较冷，夏秋较热……

竺可桢还发现物候的高下差异。

他认为，山地与平原的物候不同。"在大气中从地面往上升则气温下降，平均每上升 200 米，温度要降低 1 摄氏度，因此，在海拔高的地方，物候自必较迟"。

竺可桢更从分析历史文化遗产入手，确定物候有古今差异。竺可桢认为，"我国古代学者，如宋朝的陆游、元朝的金履祥、清初的刘献廷都疑心古今物候是颇有不同的"，只是我国物候观察时间太短，资料不足，难以佐证。于是，竺可桢以日本樱花为例，进行比较发现，日本樱花花开最早的是 9 世纪，平均花开日期是 4 月 11 日，最迟是 12 世纪，平均花开日期是 4 月24 日，早开日期与晚开日期相差达 13 天。这说明在同一地点，温度也是长期振荡的。

那么，掌握物候规律有什么好处呢？

竺可桢以一言蔽之："对农、林、牧、副、渔，物候规律都可以起一定作用。"

因而，他急切地呼吁："我们所需要的是各个地方的因地制宜、因时制宜的物候历或自然历。"

又一个春天到来了。

"笃笃笃……"正在书房看书的竺可桢，听到一个孩子敲击窗户的声音。

竺可桢走出门，笑容满面地问这位邻家的孩子发生了什么事。

"竺爷爷，杏花开了！"

孩子领着竺可桢来到前院，果然，那株杏树的枝条上缀满了星星点点的花苞，正蓄势待放，唯有那高处的一朵已经完全绽放了，在阳光下显得格外艳丽醒目。

看着竺可桢那认真的样子，孩子高兴极了，她仰起脸，腼腆地说："竺爷爷，去年我没有能看到第一朵开放的杏花，今年我终于看到了。"

"好，你真能干。"竺可桢抚摸着孩子的头发，慈祥地笑了。

第八章 │ 永远的星辰

信赖

　　作为一名非中共党员的科学院领导人，竺可桢一直受到中央领导和中国科学院党组的尊重和信任。竺可桢有职有权，工作得心应手。他既感到欣慰，又感到责任重于泰山。

　　"路遥知马力，日久见人心"。竺可桢为科学奋斗的献身精神和处理工作的卓越才干赢得了广泛的赞誉。

　　1962年6月4日，初夏时节的天气凉爽宜人，中国科学院办公厅秘书处支部举行党员大会，讨论竺可桢要求加入中国共产党的申请。

　　中国科学院党组书记张劲夫和院机关党委书记郁文作为竺可桢的入党介绍人，向党员大会介绍了竺可桢的生平履历，并鼓励竺可桢入党以后要继续学习马克思列宁主义，继续为党和人民的事业而努力工作。

　　应邀参加支部大会的科学家代表在会上发言，既向竺可桢表示祝贺，又表示要学习竺可桢，争取早日加入党的队伍。

　　郭沫若深情地扫视了一下这庄重严肃的会场，微笑着凝视这位自新中国成立以来一直与他在科学院合作共事的"搭档"，激情满怀地开始自己的发言。

文思泉涌，郭沫若追溯了竺可桢于中华人民共和国成立前在浙江大学"于子三事件"中的言行，肯定了竺可桢身上的刚直不阿的优秀品德。

郭沫若说，今天是竺可桢生平值得纪念的一天，他赋诗一首赠给竺可桢。他在诗中这样赞扬竺可桢：

> 雪里送来炭火，
>
> 炭红浑似熔钢。
>
> 老当益壮高山仰，
>
> 独立更生榜样。

党员大会一致通过了竺可桢入党的请求。大家脸上洋溢着喜悦的神情，由衷地欢迎这位优秀的老科学家投入党的博大怀抱之中。

入夜，竺可桢仍然沉浸在难以言状的兴奋之中，他呼吸着院内花草传过来的阵阵幽香，深情地对自己说："我终于找到了自己的归宿。"

学无涯

　　春寒料峭，池塘里还结着厚实的冰，山坡衰草丛中刚刚冒出来的几丝嫩绿的细草又被冻得缩了回去。竺可桢在窗前翻看着陆游的《剑南诗稿》，度过了自己 75 岁的生日。

　　再过几天，竺可桢将要召集有关科学家讨论我国研制人造卫星的问题。这对竺可桢来说，是一个崭新的领域。竺可桢想，他作为一名中国科学院的领导，虽然不一定要成为这项工作的专家，但要研究讨论这项工作，总应该了解它、熟悉它啊！

　　竺可桢翻看手中的书，工工整整地摘录下陆游的《冬夜读书示子聿》：

> 古人学问无遗力，
> 少壮工夫老始成。
> 纸上得来终觉浅，
> 绝知此事要躬行。

　　写诗与治学，道理是一样的，由少壮到年老，须用毕生精力不懈奋斗，方能成功。而成功不仅仅靠读书，更要靠不断地参加实践。陆放翁的这首诗，既是作者对人间世事的彻悟，也是诗人对自身经验的总结。

摘录以后，竺可桢朗读了两遍，仿佛 700 多年的时空障碍消失了，竺可桢与陆游在情感上产生了强烈的共鸣。

陆游的诗，实际上也是竺可桢好学不倦、醉心学术的生动写照。

竺可桢的儿子竺安回忆说：每逢星期天，我同妹妹回家，父亲总喜欢问这问那，对我们的专业知识也问得很详细。有时家中来了亲戚朋友，或是他过去的学生，他也很注意向他们请教有关专业知识。诸如基本粒子、炼钢、化学、自动控制等各方面的学问，他都懂得一些。父亲常说："担任科学院的领导工作，只有自己专业的知识是不够的，必须掌握更多的知识。"

"学不可以已"。中华人民共和国成立后，为了学习苏联发展科学技术工作的经验，竺可桢开始学习俄文。

经过茅以升的介绍，竺可桢聘请了一位俄籍妇女担任自己的俄文教师，在家里为自己讲授俄文。而此时，竺可桢已经60 多岁了。

竺可桢坚持学习，无论工作多忙，每周也要保证 4 个小时的俄文学习时间，最多时每周的俄文学习时间超过了 6 小时。

除了听俄语广播讲座之外，竺可桢还每天听俄语唱片。从60多岁到70多岁，经过坚持不懈的学习，竺可桢终于可以阅读俄文文献。俄文，成为竺可桢在精通英文并可用德文、法文进行阅读以外掌握的第四门外语。

竺可桢少小离家，在外多年，但乡音无改。到北京工作后，为了方便工作，他努力学习普通话，买过不少普通话唱片，练听、练讲。虽然因年岁大了，矫正效果不明显，但他活到老、学到老的精神却给身边的工作人员留下了深刻的印象。

1964年10月，竺可桢从兰州飞回北京，乘坐的是一般的运输机，他谢绝了乘务员为他在前舱铺垫了羊毛毯的舒适座位，却要求在机舱尾部找一个座位，以得到比较辽阔的视野。在这次旅行中，他比较了兰州、西安、太原、北京4地的树木落叶情况，发现只有西安树叶尚绿，又查证了4地的气温记录，以西安为最高。

竺可桢始终以广袤的大自然作为自己的实验室，随时随处学习知识，研究问题。

竺可桢家的院子里种有丁香树，并在篱笆旁栽上了金银花。

盛夏时节，院子里美丽极了。

丁香花绚烂芬芳，金银花黄白相映，加上那一串串绿色的葡萄和那一片浓密的、在微风中窸窣抖动的丝瓜叶，清晨呼吸一口院子中的新鲜空气，真是沁人心脾。

不料，有一天竺可桢发现金银花的叶面上有了蚜虫，而且繁殖得很快。

根据在有关书籍上查得的资料，竺可桢配制了一定浓度的DDT乳剂（滴滴涕），然后耐心地用刷子一片叶子一片叶子地刷，把蚜虫刷到配制药水的杯子中，然后观察蚜虫在水杯中多久才能死掉。他根据观察的情况，再调整药液的浓度，过几天后再喷洒农药。

为了直接了解大风、沙尘对北京的影响，每次风沙之后，竺可桢都利用清扫院落的机会，将自己扫集的或邻居扫集起来的尘埃和黄土过秤。有一次，他将239平方米的院子里扫得的尘土过秤时，发现尘土竟有400克重。竺可桢由此一换算，在6公顷面积上落下的尘土可达约1000千克。

竺可桢的心揪了起来，自己掌握的这第一手资料表明，由于北京植被稀少，风沙对北京的侵袭越来越严重了，北京的生态环境越来越不利于持续发展了。

后来，他在各种相关的会议上，多次呼吁人们对此引起重视。

一个科学家，必须有一种神圣的历史责任感。一个正直的

人，必须要敢讲话，敢讲真话。

竺可桢曾多次歌颂哥白尼、布鲁诺、伽利略，赞扬他们敢于讲真话，"不因教会淫威而畏缩"。他始终认为，一个真正的科学家要有"只问是非，不计利害"的精神，这才是科学与民主精神的真正结合。

　　"实事求是"，这是竺可桢一生坚守的座右铭，也是竺可桢刚正不阿、胸怀坦荡、治学严谨的精神源泉。

　　长期以来，竺可桢总是充分肯定并大力宣传中国古代天文学的伟大成就，并充满自豪感地说中国古代天文学的成就并不亚于希腊、罗马，但另一方面他也反对过度吹捧和拔高中国古代科学成就。在《中国古代在天文学上的伟大贡献》一文中，他写道："《星辰考源》的作者荷兰人薛莱格误解了中国的经典，把中国天文学史推到 16000 年前，以为西方天文知识多源于中国，这也未免过于夸张。"

　　1973 年初，我国著名微生物学家戴芳澜逝世，10 月，有关部门决定出一本《戴芳澜论文选》，拟请竺可桢作序。虽然竺可桢与戴芳澜之间有着深厚的友情，但作序一事还是被竺可桢婉辞了。在当日的日记中竺可桢坦露了自己的想法："我对真菌毫无所知，由我来写序言是很不合适的。因为，为科学工作写序言，则写的人必须对于本书内容有充分了解始行。这不像普通应酬，如请客宴会，可以随便拉人。"

　　由此，不难看出竺可桢始终坚持的科学精神就是"知之为知之，不知为不知"。

心中的手杖

竺可桢自出任中国科学院副院长后，一直居住在地安门的中国科学院第一宿舍。这是一座由二三十户职工同住的大院。竺可桢虽然住在里院的一排北房，但并非独门独院，住房面积也不过 60 多平方米。住房不宽裕，邻居孩子又经常喧闹，很不利于他的工作和休息。即使如此，他还是多次谢绝组织上为他调换到条件较好的住处的提议，始终与大院里的邻居们和睦相处。自己栽的葡萄结果了，他还送给左邻右舍尝鲜。邻居老太太病重，他让司机用专车送老人去医院。在年轻人眼中，竺可桢是慈祥的老伯；在孩子的眼中，竺可桢是永远笑容可掬的老爷爷。

抗战以前，竺可桢曾以多年积蓄为基础，加上向银行贷款，在南京珞珈路购置住宅一处。后来他去北京工作后，此房由长子和二女儿居住。到 20 世纪 60 年代，他主动与南京市人民政府接洽，要求将房产交给国家，未获同意，后来又通过中国科学院党组，再向中共江苏省委申请，最终实现了自己的愿望。1964 年，他通过中国银行，将自己 1947 年赴美考察时暂存陈省身教授处的结余费用共 5000 多美元，连同利息一并上交给国家。他觉得，国家外汇紧张，这笔钱虽是自己的节余，但上交国家，更有意义。

竺可桢是一个身体瘦弱的人，但他那瘦小的身躯却包含着一颗博大的爱心。

让我们看一看他充满爱心的二三事吧！

上海解放后，竺可桢得知自己钟爱的长女不幸在解放区病故了。这突如其来的消息使竺可桢痛苦万分。他取出一只汉密尔顿女表，摩挲许久，心情格外沉重。

这只表是竺可桢在 1946 年 10 月赴巴黎参加联合国教科文组织会议，然后又转欧美考察期间，特地为竺梅选购的。而在那之前的一个月，竺梅与未婚夫胡鸿慈"不告而别"去了山东解放区。

竺可桢期待着父女重逢时，把这只表作为礼物送给久别的女儿。女儿逝去了，竺可桢无法再用这只表来表达父亲对女儿那海洋般宽广的爱了。

其实，竺可桢大可以留下这只表作为纪念，也可以将它改赠别的女儿。

但他最终还是把这只表送给了胡鸿慈，作为他送给胡鸿慈以后再婚时给新妻子的纪念品。

博大的爱，通过这只表得到了延续。

1944 年，在黔北最艰苦的岁月里，浙江大学心理学教授黄翼病故了。临终前他将妻儿分别托付给竺可桢、贝时璋照应。

友人临终嘱托，使竺可桢分外感到自己的责任之重。对黄翼的后人黄章恺，竺可桢一直关怀备至，就跟对自己的孩子一般，不是父子胜似父子的浓浓亲情，使人真切地感受到竺可桢博爱精神的巨大力量。

竺可桢对自己子女的爱，则主要体现在对他们的严格要求上。

外出锻炼时，竺可桢总是把孩子们带上，教他们游泳、滑冰、爬山，让孩子们识别树木、花草、鸟类、岩石和地质等。他对子女的学习要求很严，要他们一定要学好基础课，让他们看科学故事和科学家、发明家的传记等。

在二儿子竺衡过 12 岁生日时，竺可桢送给他的礼物是一个木匣子，即"少年化学实验室"，里面装有酒精灯、试管、化学药品等，可以做多种化学小实验。这使得刚进入中学的竺衡和弟弟竺安对化学产生了浓厚的兴趣。竺衡不幸年少病故，而竺安经过刻苦学习，终于成为一位卓有成就的化学领域的科学家。

竺可桢的一生是勤勉的一生，他的科学成就是多方面的，他的多项科学建树是具有开创意义的，其几十年来仅公开发表的文章就达 272 篇。然而他却总是那样谦逊，那样虚怀若谷。

1966 年 1 月 25 日，竺可桢如期来到地理研究所办公。

入冬已经下了一场雪，北京的天气进入了一年中最寒冷的时节。

这天，竺可桢专门邀请中国地理学会副秘书长翟宁淑来商量工作。

翟宁淑向竺可桢汇报召开地理学会理事会的准备情况，并与竺可桢一起讨论 1966 年学会的工作计划。

室外天寒地冻，室内春意融融。

竺可桢不停地在自己的日记本上记录着，有时点头赞许，有时提出自己的意见。

竺可桢对来汇报的下属总是积极支持，大力鼓励，让他们毫无拘束地说出自己的设想，然后，提出自己的某些意见，尽可能地完善下属的思路和计划，而从不轻易否定别人。

翟宁淑汇报完工作，又得到竺可桢的很多指点，感到获益甚多。

翟宁淑拿出手绢，拭去额头上的汗水，敬仰地看着竺可桢，说："竺院长，还有一件事要向您汇报。"

"噢，什么事？"竺可桢把刚刚合上的笔记本又重新打开，微笑着，静静地等待翟宁淑的下文。

原来，元旦过后，罗马尼亚科学院主席团授予竺可桢罗马尼亚科学院名誉院士称号，授予地理学家黄秉维罗马尼亚科学院院士称号。

两位中国地理学家荣膺罗马尼亚科学院院士称号，是中国地理学界的盛事，也是全国地理工作者引以为豪的事，为此，中国地理学会准备隆重集会加以庆祝。

翟宁淑正是为此事当面向竺可桢请示，并想听取竺可桢的意见。

不等翟宁淑再说，竺可桢已经一个劲地摇起了头。

"这是大家的共同心愿。"翟宁淑提高声调，急切地表达着。

"不行，不行！"竺可桢坚持自己的意见，语气间已不容再有半点商量的余地。

在竺可桢看来，他自己和黄秉维被推选为罗马尼亚科学院的荣誉院士和院士，是由国内提名而得到罗方同意的。罗马尼亚科学院将此荣誉授予中国的两位地理工作者，应归功于全体中国地理学家。如若接受这类庆贺，那就是贪大家之功了。

翟宁淑无法说服竺可桢，却对竺可桢这种虚怀若谷、谦逊豁达的品格，产生了深深的敬意。

浙江大学的学生曾经送给竺可桢一根手杖表达对他的敬意，竺可桢咏前人《论语》联句作答：

危而不持，颠而不扶，则将焉用彼相矣？

用之则行，舍之则藏，惟我与尔有是夫。

对联的意思是：危难莫能助，疾苦不相扶，还要你手杖何用场？用时挺身出，功成则隐入，我和你手杖一个样！

他的回答，就是他的心声。

老骥伏枥

作为科技战线的领导者之一，竺可桢不顾年老力衰，在1966年的开年之后，工作日程一如既往地安排得很满。

3月9日，他召集中国科学院有关单位举行国际地球物理年委员会会议，讨论电离层如何对待短波通信的干扰问题。

3月初，北京的残雪尚未融尽，竺可桢又来广州参加中国地理学会召集的农业区划学术会议。

回到北京不久，河北邢台发生了地震。

竺可桢知道自己作为地理学家肩负的重任，又急如星火地赶往震区，指挥地震工作者紧张地开展工作，了解震情，测算数据等，努力掌握第一手资料。

6月初，竺可桢开始着手撰写《中国近五千年来气候变迁的初步研究》的英文稿。

那时，北京的天气已经进入了初夏，北京城开始了一年中满城碧树、处处繁花的好时光。

后来，竺可桢用了四五年的时间丰富内容，精益求精。经过分析归纳，他所做出的我国历史上不同时期的气候变化趋势的研究成果，竟与西方国家采用新技术方法所得出的结论基本相符。

1972 年，竺可桢发表了《中国近五千年来气候变迁的初步研究》一文。1973 年 5 月 26 日，竺可桢接到复旦大学历史地理学家谭其骧教授的来信。

友人自南方来信，使竺可桢分外欣喜。

谭其骧在信中说，他读竺可桢的《中国近五千年来气候变迁的初步研究》一文，"每读一遍，都使我觉得，这篇文章功力之深，分量之重，实为多年之少见的作品，无疑应列于世界名著之林。"竺可桢沉吟良久。谭其骧教授对他进行了如此高的评价，他始料不及，感到有些惊奇。

竺可桢知道，谭其骧教授是位治学严谨的学者。他与谭其骧并不是泛泛之交，他知道谭其骧是从来不会随便称道别人的。

"其骧这样称道我，想必有他的道理。"竺可桢思忖着。

竺可桢回味着文章的主要论点，回忆着写作过程的艰辛，似乎逐渐悟出了谭其骧那样评价的缘由："是啊，这篇文章，我自己的估价，也是尽了半生之力，差不多积累了三四十年的深思，才动笔写出来的。"

浮想之间，竺可桢体会到了曹雪芹的"字字看来皆是血，十年辛苦不寻常"这句话的深意。

"我完成这篇文章差不多也有这样的经历，因此，人家估价那么高，似乎不是偶然碰巧之事。"竺可桢感到了一种少有的欢快。

1963年，他和宛敏渭合著的《物候学》一书出版，该书以通俗易懂、引人入胜的笔触，赢得了读者的好评。但因书稿被毁，竺可桢不得不重撰书稿，并吸收新资料，增加了章节。这虽是一本科普读物，但耗费了竺可桢大量的心血。当该书于1973年再版问世时，竺可桢拿到新书，激动得几乎落下泪来，说他"得此书亲切如见自己的小孩"。

为了了解科学研究的发展动向，长期以来，竺可桢一直坚持阅读美国的《科学》周刊和英国的《自然》周刊，多年如一日，从未中断。

竺可桢常去阅览室阅读外文科技杂志。1970年，竺可桢因此前大病一场，已不能独自再挤公共汽车去中国科学院文献情报中心阅览刊物。于是，他请一位在地理研究所工作的邻居每次帮忙把新出版的这两种杂志及时借出来，在家阅读。

通过阅读这两本杂志，竺可桢看到国外的科技日新月异地发展，而我国的科技水平却停滞不前，甚至出现了倒退，心急如焚，于是，他不断地通过各种渠道提出建议，希望推动有关研究工作的正常开展。

1972 年以后，一批又一批美籍华裔科学家不断返回故里省亲访问。尽管这时竺可桢的身体已经衰弱得很，但他还是振作精神，不辞辛劳地多次以中国科学院副院长或中国科学技术协会副主席的身份主持或参加接待，希望这些友人能为祖国的科学事业的发展贡献力量。特别是在接待早年与他同船赴美的好友赵元任时，想起当年都是年少的学子，如今执手相看，都已垂垂老矣，更是感慨系之。

竺可桢一直坚持以室内踱步和深呼吸来作为强健身体的运动，继续像海绵吸水那样吸收着自己过去未曾触及的新科技知识，继续像春蚕吐丝那样为我国科技事业做出自己的贡献。

1974 年 2 月 7 日，竺可桢怀着"我们生活在这一伟大的时代里，我们生逢其时，一生可以胜过古代千载，我们是多么幸福"的达观精神，无限眷恋地离开了他深爱着的科学事业，结束了他绚丽多彩的人生华章。

一位伟大的国宝级的科学家远行了。

他是一颗永恒的星辰，"如月之恒，如日之升"，正以那穿透时空的光辉装点着伟大祖国科技事业的浩茫云天。